“互联网+”思维下的智慧档案建设

张毓森◎著

贵州出版集团
贵州人民出版社

图书在版编目（CIP）数据

“互联网 +”思维下的智慧档案建设 / 张毓森著 . 贵阳 : 贵州人民出版社 , 2024. 11. -- ISBN 978-7-221-18831-1

Ⅰ. G270.7

中国国家版本馆 CIP 数据核字第 2024HW8973 号

“互联网 +”思维下的智慧档案建设

张毓森 / 著

出 版 人：朱文迅
策划编辑：杨　悦
责任编辑：杨　悦
装帧设计：斯盛文化
出版发行：贵州出版集团 贵州人民出版社（贵阳市观山湖区会展东路 SOHO 办公区 A 座）
邮　　编：550081
印　　刷：廊坊市新景彩印制版有限公司
开　　本：710 毫米 ×1000 毫米 1/16
字　　数：210 千字
印　　张：12.5
版　　次：2025 年 1 月第 1 版
印　　次：2025 年 1 月第 1 次印刷
书　　号：ISBN 978-7-221-18831-1
定　　价：68.00 元

前　言

“互联网 +”的概念日益深入人心，其核心在于将互联网的创新成果深度融入经济社会发展的各个领域。这一融合过程不仅提升了实体经济的创新力和生产力，更催生了一种全新的经济社会形态，其以互联网作为关键的基础设施和创新驱动力。在档案管理领域，“互联网 +”思维也与时俱进。传统的档案管理模式难以满足日益增长的信息处理需求，智慧档案建设成为适应时代发展的必然选择。

本书中先对档案学和“互联网 +”思维这两个概念进行了阐述，并就相关概念特点、研究对象、发展历程、档案学的作用、“互联网 +”思维的应用等基础内容进行了详细介绍。在“互联网 +”的时代背景下，档案工作面临更多的挑战，但档案的服务功能也得到了相应的提升。书中介绍了“互联网 +”时代下智慧档案网络平台的构建，并以房地产档案管理、学校档案管理、医院智慧档案等几个领域的例子，对相关的智慧网络平台的构建和应用内容进行了深入分析。

此外，书中对智慧档案馆的建设进行了探讨，包括智慧档案馆的建设思路、方法、运营及设计等过程中遇到的问题，并针对当前存在的问题提出了改进和提升建议。本文对“互联网 +”思维下学校档案管理进行了研究，从学校档案现代化建设、学生学籍档案管理以及学校档案室的管理转型等进行了分析，书中探讨了在建设过程中遇到的问题和解决措施。

本书共分为五章，第一章为档案学概述，介绍了档案学的概念、档案学的发展历程、发展档案学的重大作用；第二章为“互联网 +”思维概述，介绍了“互联网 +”思维的概念和特点、“互联网 +”思维的发展历程、“互联网 +”思维的应用；第三章为基于“互联网 +”思维的智慧档案建设，介绍了“互联网 +”时代对档案工作的挑战、“互联网 +”时代档案的服务功能、“互联网 +”下智慧档案网络平台的构建、档案智慧管理的“一站式服务”模式；第四章为智慧档案馆的建设和管理，介绍了智慧档案馆研究进展、智慧档案馆建设的必然性及建设思路、人工智能技术在智慧档案馆建设中的应用、基于档案终身化管理理念的智慧档案馆建设思考、“互联网+”时代下智慧档案馆建设的方法、基于智慧城市的智慧档案馆运营及设计；第五章为“互联网+”思维下的学校档案管理，介绍了“互联网+”思维下推进学校档案管理现代化建设、“互联网+”思维下中学档案管理与信息化建设、“互联网+”思维下学生学籍档案管理、“互联网+”思维下档案室管理转型与发展。

限于作者水平，书中难免存在疏漏及不妥之处，敬请读者批评指正。

著者

2024 年 6 月

目录

第一章　档案学概述

第二章　“互联网 +”思维概述

第三章　基于“互联网 +”思维的智慧档案建设

第一章

档案学概述

第一节 档案学的概念

一、档案学的概念和特点

（一）档案学的概念

档案学是以档案现象为研究对象，以揭示档案现象的本质和规律为目标的一门综合性学科。档案学的研究内容主要围绕档案的产生、发展、管理、利用等方面，旨在提高档案工作的科学化、规范化水平，促进档案事业健康发展。

档案广泛产生于各项社会实践活动，又应用于社会实践，不仅对形成它的单位或个人有查考价值，而且具有广泛的社会价值和长远的历史价值，是国家文献宝库中不可缺少的组成部分。自古以来，人类就重视档案的保存和利用工作，建立馆库、选派专人进行管理。近代，特别是现代，各种档案的数量以惊人的速度增长，社会各领域对档案信息的需求也普遍提高，档案工作也由简单的、封闭的、经验性的管理方式发展到复杂的、开放的、科学的管理系统，并成为国家的一项专门事业。

（二）档案学的起源

档案是人类从野蛮时代过渡到文明时代的产物，并伴随社会的发展而发展。远在五千多年前，当人类创造了文字并用以记言记事时，档案便应运而生。从古老的石刻、泥板、纸草、甲骨到纸质档案，再到近现代照片、影片、录音、录像、机读等档案的出现，丰富多彩的档案财富记录着人类历史的发展足迹。

档案学作为一门学科，其产生和发展也经历了漫长的历史过程。档案学史作为档案学的分支学科，开始于 20 世纪 50 年代。德国档案学家阿道夫 · 布伦内克所著《档案学》（1953）一书的第一部分，提出了“档案学历史”概念，对欧洲的档案学发展史作了开拓性的研究。中国档案学家吴宝康所著《档案学理论与历史初探》（1986）一书，对中国档案学史作了开拓性的研究，论证了中国档案学产生的时代和社会背景。

（三）档案学的特点

第一，实践性强。档案学的内容主要是档案管理实践中的经验和教训，因此具有较强的实践性和操作性。档案学的理论研究要贴近实践，理论要服务于实践。

第二，知识面广。档案学涉及社会学、政治学、历史学、文献学、法学、管理学等多个学科领域的知识，具有较宽的知识面。

第三，研究对象明确。档案学的研究对象是档案，即经过鉴定、保管、利用和归档等环节处理后的文件和资料，具有永久保存和传阅的价值。

二、档案学的研究对象

档案学以档案、档案现象及档案工作规律为研究对象。其基本任务是：在研究档案和档案工作发展规律的基础上，提出档案工作的科学理论、原则与方法，指导档案工作实践，提高档案管理的科学水平，以便充分实现档案的价值，为各项社会实践服务。档案学的研究对象与任务，从根本上规定了档案学的研究内容和学科体系。

具体表现为如下五个方面：

（一）档案学基础理论研究

即研究档案的起源与发展、档案的本质属性与一般属性、档案种类的划分、档案价值及其实现的规律性、国家档案全宗的实质与结构；档案工作系统的结构、功能与社会环境，档案工作的基本矛盾与规律，档案工作的性质与基本原则，档案工作与文书、图书、情报工作的关系；国家档案事业系统的结构、功能及其与国家建设事业的关系，档案法规体系结构与功能；档案学产生的条件与标志、档案学的研究对象与任务、档案学的性质与特点、档案学的体系结构、档案学与相关学科的关系、档案学的研究方法等。其任务是探讨档案工作和档案学的客观规律性，提高档案学理论的概括水平，使之对档案学的应用理论、档案工作实践和档案事业建设具有普遍的指导意义；提高档案学研究的科学预见性，并预测档案工作、档案事业和档案学发展的未来。

（二）档案专业史研究

即以历史时期为序，运用具体史料研究档案、档案工作和档案学产生与发展的过程及其规律。其任务是在掌握大量可靠资料的基础上，阐明各个社会形态的档案、档案工作的发展特点及其与当时的政治、经济、科学、文化诸方面的关系和产生的社会效果，寻求对当今档案工作与档案事业建设可以借鉴的历史经验；在分析、总结前人档案学研究成果的基础上，探索档案学思想的源流、派别和档案学的历史发展规律，从而更深入地认识和理解档案学思想、理论、原则的形成过程，提高档案学理论水平。

（三）档案事业管理研究

即研究档案事业管理工作的产生与发展，档案事业管理的指导思想、原则和体制，档案事业管理的决策、计划、组织、协调、检查、监督、指导的功能，档案事业管理的行政手段、政策手段、法律手段、计划手段、经济手段、教育手段等。其任务是提高国家档案事业管理的科学水平，促进档案事业整体协调发展，为档案信息资源的管理与开发创造有利条件，更好地为国民经济和社会发展服务。

（四）档案资源管理与开发的研究

即对档案实体管理系统、档案信息开发系统及其反馈系统整个过程的研究。档案实体管理研究包括对档案原件的收集、整理、保管、鉴定的研究；档案信息开发研究包括对档案信息的选择、加工、编辑和输出的研究，也就是对档案的编目、编研与提供利用的研究；档案管理反馈的研究包括档案统计工作、档案用户调查的研究等。其任务是不断提高档案管理的科学水平，及时、准确、广泛地组织档案信息交流，为档案用户提供高效率服务。

（五）档案工作应用技术研究

包括档案保护技术措施研究，如对档案存储环境控制技术、档案有害生物防治技术和档案修复技术的研究，其任务是最大限度地延长档案原件的使用寿命；档案缩微复制技术研究，如对档案的摄影、冲洗、加工、拷贝、还原、存储、检索等技术过程的研究，其任务是便于档案信息的存储、转移、利用和自动化检索；计算机辅助档案管理研究，包括输入计算机前的档案数据的收集和前处理工作，计算机对档案数据的录入、存储和加工，计算机对档案信息输出的整个过程的研究，其任务是逐步实现档案管理技术现代化，提高档案管理工作效率。

三、档案工作的性质

在社会主义现代化建设中，档案工作是一项非常重要的工作，它是开展历史研究，进行各项工作的必要条件。做好档案工作，不仅是当前工作的需要，而且是维护党和国家历史真实面貌的重大事业。其基本性质是：

（一）档案工作是一项管理性的科学性的工作

一方面，就总的档案工作来看，档案工作是专门负责管理历史文献——档案的一种独立的专业，属于国家科学文化事业的组成部分。另一方面，从特定的部门、单位的档案工作来看，它又是某种工作管理的组成部分。档案，就其保存和流转归宿的程序，可以分作档案室阶段和档案馆阶段。其中，档案室保存的档案，是本单位进行职能活动的历史记录，档案室工作既是档案事业的组成部分，又是机关或单位秘书工作的一部分。

（二）档案工作是一项服务性的条件性的工作

就档案工作同其他工作的关系而言，它属于一项服务性的、条件性的工作。虽然档案工作是一项研究性工作，但是档案部门开展研究档案、进行编著等活动的主要目的还是为了更好地适应各界的利用需要，为党和国家各项工作提供档案材料。档案工作的服务性，是档案工作赖以存在和发展的基本因素。

（三）档案工作是一项政治性的工作

档案工作的政治性表现在档案为谁所有、为谁服务、受到什么阶级利益的制约。在我国，档案工作不是一般的服务性行业，而是巩固人民民主专政、维护国家机密和历史财富的重要阵地之一。在当前的社会主义现代化建设事业中，档案工作必须把工作重点切实地转移到为经济建设服务的中心上来。

档案工作的机要性也是档案工作政治性的表现之一。档案工作的重要性，是由档案本身的特点以及国家利益所决定的。古今中外，任何国家的档案工作都有一定的保密要求。

四、档案学与其他学科的关系

（一）档案学与文书学

档案学与文书学是关系最为密切的姊妹学科。从两门学科的研究对象来看，文书是档案的前身，档案是文书的转化，文书工作是档案工作的前提和基础。文件撰写的内容质量与书写格式规范与否，都会对档案和档案工作产生重要影响。文书部门制作文件时所选用的纸张、墨水、胶片、磁带等材料的耐久性，决定着档案寿命的长短。文件在各单位产生之后，在向档案室移交之前，要完成文件的收集、划分保管期限和立卷归档工作。立卷归档既标志文书处理工作的结束，又标志着档案工作的开始。文件收集是否齐全、保管期限划分是否正确及立卷质量的高低，直接影响档案质量和以后的档案工作。档案室对文书处理部门或业务单位的文件收集、立卷、归档工作负有指导、检查和监督之责。

由于两门学科的研究对象的关系如此密切，有许多需要共同研究的问题。因此，中外有些档案学者往往把文书处理和档案管理作为同一著作的内容进行统一研究。例如程长源的《县政府档案管理法》、何鲁成的《档案管理与整理》、龙兆佛的《档案管理法》以及美国谢伦伯格的《现代档案——原则与技术》，都把文书处理作为档案学的研究内容。进入现代以来，文书学与档案学都已发展成为单独的学科，但关于两门学科的关系问题仍有不同的认识。一种观点认为：文书学是档案学的分支学科，以文书管理与档案管理一体化的趋势日益加强为由，应多从统一管理角度来考虑。研究文书学不仅对文书处理工作有指导意义，而且对机关档案管理也有指导意义，研究古文书对历史档案的整理、编辑和利用，以及对研究历史词汇学均有参考价值。另一种观点认为：文书学与档案学各自研究的对象与任务不同，文书学是研究文书和文书工作的历史发展规律，阐明文书工作的理论原则和技术方法的学科。其主要任务是总结文书工作经验，指导当前文书工作，因此文书学不是档案学的子学科，而是平行的相关学科，文书学属于行政管理学或秘书学的一个分支。无论持何种观点，有一点是达成了共识，即文书学与档案学存在一种特殊的密切关系，研究档案学必须具备文书学知识，研究文书学也必须具备档案学知识。

（二）档案学与历史学

档案与历史不可分割的关系决定了档案学与历史学的密切关系。档案是历史文化财富，如何收藏、整理、编辑和利用档案史料，是档案学者和历史学者共同关心的问题。不仅档案学者需要掌握历史科学的知识，历史学者也需要了解档案学的知识。研究历史离不开历史资料，档案是历史的原始记录，对研究历史尤为重要。从古到今，许多史学家对档案史料的特点、价值、整理、编辑和利用以及对发展史学的关系，都有过精辟的论述。这些论述丰富了档案学的内容，对档案学的形成和发展有一定贡献。档案学者在研究中国档案事业史、世界档案事业史和档案学史时，必须掌握历史科学的理论与知识，要运用历史科学的研究方法和研究成果。档案专业史也是史学部门史，必须把它放在大的历史环境中进行研究，才能得出一定的规律性认识。档案史料学既是档案学的分支，也是史料学的分支，研究档案史料学要利用史料学的知识，同时档案史料学的研究成果，也是对史料学的一种补充。研究档案文献编纂学，不仅要熟悉档案文献的特点，而且要掌握历史学及其辅助科目的知识。研究历史档案需要掌握历史知识更是不言而喻的事实。

（三）档案学与图书馆学、情报学

三者是各自独立而又密切联系的相关学科。由于各自研究对象具有它的特殊性，因此在管理制度、原则和方法上各有特点。诸如：档案室和档案馆的档案来源以接收为主，要建立归档、接收制度；档案原件的整理要考虑来源原则，以全宗为单位进行整理，按机构、职能分类；档案的存毁有专门的鉴定制度，分为永久保存、定期保存和销毁三种；档案大部分是原稿、原本，或称“孤本”，因此有特殊的利用制度，一般不外借出馆；档案在一定时间内具有较强的机密性，要建立保密制度和开放制度等等。所有这些与图书管理、情报管理都有明显的差别。管理实践上的差异性，反映在学科研究上也有差异性。但还必须看到他们之间的共性：档案与图书都属文献，都是知识的载体和信息资源。图书的手稿是档案，档案文献的汇编可以转化为图书。档案与图书都是文字信息，情报是针对性的知识信息，档案与图书载有的知识信息都可以转化为情报。档案、图书、情报的工作过程，都是实现信息的搜集、加工、存储、检索和输出的过程，在这一过程中，三者采用的方法和手段具有相当多的共同性。如档案信息加工和输出过程，即是把档案转化为一次文献、二次文献、三次文献，满足用户需求的过程。在档案、图书、情报实行现代化管理方面，如电子计算机的应用、现代通信技术的应用、文献缩微技术的应用等方面，都具有共性。档案、图书、情报的载体形式是共同的，包括纸张、胶片、磁盘、光盘等。因此在保护技术措施方面，也具有通用性。总之，由于档案、图书、情报工作有许多共同之处，决定了档案学、图书馆学、情报学之间的密切关系。这三门学科的研究成果可以相互借鉴和参考。

此外，档案学还与其他一些学科有着密切的关系，如以哲学为理论基础，采用数学的定量分析方法，运用系统科学、社会学、管理学的理论和方法，以及利用自然科学与技术科学的知识等等。

档案学的发展已有将近两个世纪的历史，但它仍需适应社会发展的需要，不断完善和提高。当代档案工作实践和档案事业建设都有了新的迅速发展，出现不少新情况、新问题和新经验，迫切需要从理论上加以阐明。当代世界，新的技术革命也正在向档案工作提出挑战，传统的档案管理方式，将向现代化的档案管理方式转变，档案学不能脱离科学技术发展的大趋势而孤立发展。面对这种新形势，档案学研究必须不断调查和总结档案工作实践的新经验和档案事业建设的新经验，并借鉴和吸取当代科学技术研究的新成果和研究方法，这两个方面有机结合起来，才能进一步提高档案学的学科水平，使档案学屹立于科学之林。

第二节　档案学的发展历程

中国档案学史研究不仅具有较高的理论价值，而且具有重要的实践意义。对中国档案史进行系统的梳理和评析，有利于提高档案学的科学水平，完善档案学理论与学科体系，丰富档案学的研究内容。与此同时，研究中国档案学史可以帮助我们反思我国档案学发展过程中的经验教训，扬长避短，增强档案学理论的针对性和适用性，更好地发挥档案学理论对档案工作实践的指导、规范作用，从而加快我国档案事业的发展步伐，提高档案的科学管理水平，为社会各项工作提供优质、高效的服务。

一、孕育时期的中国档案学

在长期的档案工作实践中，我国历代档案工作者积累了比较丰富的档案管理经验，为中国档案学思想的孕育创造了一定的条件，同时也为日后中国档案学的创立提供了宝贵的思想资料。

孕育时期的中国档案学思想主要体现在档案文献编纂方面。在我国长达两千多年的封建社会里，孔子、刘知几、司马光、章学诚等历史学家、文献学家、教育家在文献整理和史学研究的实践中，融目录学、版本学、校勘学、历史编纂学及档案文献编纂的理论和方法于一炉，对档案文献编纂的原则和方法进行了认真的探讨和总结，提出了不少有价值的见解，为我国档案文献编纂学的形成和发展奠定了较好的基础。特别值得一提的是，宋代的几位档案工作者（架阁官）还就档案管理的一些具体问题进行了研究，这是迄今为止我国已发现的最早的档案学文献。此外，在我国历代奴隶、封建王朝颁布的有关文书、档案工作律令、制度及其文书与档案工作的实践中也蕴含着一些档案学思想。

（一）孕育时期中国档案学的特点和成因分析

1. 特点

孕育时期的中国档案学思想具有以下特点：第一，研究主体的非专业性。由于缺少档案教育，我国在封建社会始终未能建立起一支结构合理的档案专业队伍，因此这一时期档案学思想的形成主要归功于史学工作者和主管文书、档案工作的官吏。第二，研究行为的无意识性。中国封建社会的档案学思想是在史学研究和文献整理的过程中不自觉地形成的，是以其他活动的副产品的形式出现的，其提出者并未意识到自己是在进行档案学研究。第三，思想资料的分散性。孕育时期的中国档案学还不是完备形态的科学，只是一些零星的档案学思想，并且分散在法典、制度和史家著述中，没有专门的档案学论著，更未能形成严密的知识体系。第四，思想内容的继承性。孕育时期的中国档案学思想前后相继，历代相因。第五，思想范围的狭窄性。孕育时期的中国档案学思想只是为（文书）档案管理学、文书学（史）、档案保护技术学、档案文献编纂学、中国档案事业发展史等少数分支学科的创建积累了一些思想资料，而对科技档案管理学、专门档案管理学及档案学原理、档案术语学等绝大多数分支学科则少有贡献。第六，思维层次的经验性。孕育时期的中国档案学思想大多属于"就事论事"式的经验之谈，抽象性、概括性不够，思辨的成分较少，未能上升到理论的高度。

2. 成因分析

孕育时期的中国档案学思想之所以会出现上述特点，是因为：第一，我国封建社会形成的档案数量较少且总体上处于分散保存状态，档案管理方法简单，对档案学理论的需求不甚迫切。第二，以史官为主体的档案工作者大多实行世袭制，父传子，子传孙，代代相沿，因循守旧，传统经验根深蒂固。第三，封建社会的生产力不发达，科学技术落后，其档案大多是围绕帝王将相的政务活动和饮食起居而形成的文书档案，科技档案和其他专门档案只占很小的比例。第四，在封建社会，档案工作始终没有发展成为一项独立的事业，一直作为文书工作的后缀部分存在，"政治""存史"是其两大主要职能，机要性、保密性十分突出。因此，孕育时期的中国档案学思想只能局限于具体的档案管理方法和经验总结，只是在与文化关系比较密切的档案文献编纂领域有所贡献。

（二）孕育时期中国档案学思想的主要成就与意义

孕育时期中国档案学思想的主要成就及其对当代中国档案学和档案工作的借鉴意义表现在以下几个方面：第一，提出了"述而不作""多闻阙疑"等一系列档案文献编纂原则和方法，为我国档案文献编纂学的建立和发展奠定了扎实的思想基础，为当代我国档案文献编纂工作提供了丰富的实践经验。第二，提出了许多档案管理原则和方法，为我国档案管理学的创立准备了珍贵的思想资料。

第三，对档案和档案史料汇编的作用和意义进行了深入的探讨，为我们进一步研究这些问题奠定了基础。第四，在档案库房建筑及档案保护方面积累了许多值得借鉴的经验。

二、创立时期的中国档案学

辛亥革命以后，孕育于封建社会中的中国档案学思想发展迅速，开始向科学形态演变。至20世纪30年代，近代中国档案学终于建立起来，其主要标志就是十三本档案学“旧著”的问世。这些论著对档案定义、档案范围、档案作用、档案行政、档案分类、档案立卷、档案编目、档案鉴定与销毁、档案保管与保护、档案编辑与公布等问题进行了较为全面的探讨。

（一）近代中国档案学产生原因及特点

1. 产生的主要原因

近代中国档案学产生的主要原因有：第一，档案工作实践的发展是近代中国档案学产生的内在动力。第二，以文书档案改革为主要内容的“行政效率运动”是近代中国档案学产生的直接诱因。第三，大规模的明清档案整理运动是近代中国档案学产生的重要助推器。第四，档案教育的创办是近代中国档案学的催生素。第五，国外档案学的发展经验为近代中国档案学的创立提供了借鉴。第六，我国古代档案学观念为近代中国档案学的建立提供了相当丰富的思想基础。

2. 特点

近代中国档案学呈现出以下特点：第一，研究主体的多元性。参与近代中国档案学研究的学者包括档案工作者、行政界官员、史学工作者和档案专业教师等，研究主体呈多元化模式。第二，研究内容的系统性。近代中国档案学者对档案的定义、范围、作用、文书与档案的关系、档案管理的组织形式与机构设置、档案的点收、登记、整理、分类、立卷、编目、排列、鉴定、销毁、保管期限、保管、保护、档案人员的素质与培养、中国档案史、外国档案史及文书档案连锁法等诸多问题都进行了系统的研究。第三，研究对象的模糊性。近代中国档案学者对档案学的研究对象还不是十分清楚，大多将档案工作当作文书工作的一部分进行研究。第四，研究方式的移植性。近代中国档案学大量地继承、借鉴了我国古代档案学思想及欧美档案学和图书馆学的理论与方法，真正属于自我创新的东西并不多。第五，研究范围的局限性。近代中国档案学基本上没有突破机关文书档案管理的界限，有关档案馆工作、档案行政管理工作、档案教育工作、档案宣传工作以及科技档案工作和其他专门档案工作的研究成果几乎处于空白状态。

（二）近代中国档案学的成就和不足

1. 主要成就

近代中国档案学的成就主要表现在如下几个方面：第一，建立了早期中国档案学的基本体系，将档案学引进科学的殿堂。第二，提出了一系列前所未有的新观点，深化了对有关问题的认识。第三，构建了档案管理学的基本框架。第四，摸索出一些好的档案学研究方法。

2. 存在不足

这一时期中国档案学存在以下几个方面的问题：第一，学科体系不健全。近代中国档案学者的理论建树主要表现在文书档案管理学方面，而对科技档案管理学、档案文献编纂学、专门档案管理学等其他档案学分支学科贡献较少。第二，研究范围过于狭窄。近代中国档案学是以机关档案工作实践经验为基础建立起来的，其主要思想、观点、原则和方法一般都带有机关档案工作的烙印。第三，研究水平不高。近代中国档案学的研究成果一般表现为直接经验材料的堆积和局部经验的个人总结，缺乏高度的理论抽象与概括。第四，在移植、引进国外相关理论的过程中存在着比较明显的“食洋不化”“囫囵吞枣”现象。

三、发展时期的中国档案学

新中国成立至20世纪60年代中期，我国档案学界对档案、档案工作及档案学本身的许多问题进行了比较全面、深入的研究和探讨并取得了丰硕的成果，内容涉及档案学基础理论、应用理论及应用技术等各个方面。

（一）特点

这一时期的中国档案学呈现出以下特点：第一，指导思想的科学性。新中国档案学者们运用马克思主义哲学——辩证唯物主义和历史唯物主义的观点科学地分析和探讨了档案概念的本质、档案的作用、档案和档案工作的起源、档案工作的矛盾和规律、档案室工作与档案馆工作的关系，并提出了许多新观点，极大地丰富了档案学的研究内容，提高了档案学的理论水平。第二，研究内容的系统性。现代中国档案学者初步建立起一套基本符合中国国情、档情的档案学术语、概念和统一自洽的档案学理论体系，并据此建立起相应的档案学分支学科。第三，研究范围的广泛性。现代中国档案学既研究机关文书工作和档案室工作，也研究档案馆工作；既研究文书档案管理的原则与方法，也研究科技档案和专门（特种）

档案的管理原则与方法；既研究档案和档案工作，也研究档案学自身。第四，研究成果的概括性。现代中国档案学者对档案、档案工作及档案学自身的诸多基本理论问题进行了比较深入的研究和探讨，对蕴藏其中的本质和规律进行了深层次的理性思辨，其研究成果的概括性、抽象性有了实质性的提高。第五，研究主体的群众性。从事现代中国档案学研究的既有档案学理论工作者，又有档案实际工作者，还有史学（方志学）工作者。

（二）主要成就

发展时期中国档案学的主要成就有：第一，档案学的学科地位得到明显提高，第一次以独立学科的身份屹立于科学之林。1956 年 4 月国务院颁发《关于加强国家档案工作的决定》，同年 6 月国务院科学规划委员会制定的《一九五六——一九六七年哲学、社会科学规划纲要（草案）》将档案学列为独立学科。第二，初步建立起现代中国档案学理论与学科体系。至 20 世纪 60 年代初，我国档案学界编写出《文书学》《中国国家机关史》《中国档案史》《文件材料保护技术学》《档案文献公布学》等教材，并出版了《档案管理学》《技术档案管理学》《档案学概论》《影片、照片、录音档案管理》等教材，一个由多门分支学科组成的现代中国档案学学科体系已经初步形成。第三，编写了新中国第一批较有影响的现代档案学著作，如《档案管理法》《历史档案整理法》《档案学基础》《档案管理学》等。第四，对诸多档案学基本理论问题进行了开创性研究，增强了档案学的理论色彩。第五，极大地拓展了档案学的研究领域。第六，档案保护技术研究取得了一定成绩。第七，锻炼和造就了一支档案学研究队伍。

（三）存在不足

这一时期中国档案学主要存在着以下几个方面的问题：第一，过分强调档案、档案工作和档案学的阶级性，忽视档案、档案工作和档案学的普遍性。第二，在学习苏联档案学的过程中存在着一定程度的教条主义现象。第三，档案学理论与学科体系不完整，整个档案学研究仍显得比较粗糙。第四，研究方法比较单一，定量分析方法、比较方法、系统方法运用较少。

四、恢复与繁荣时期的中国档案学

20 世纪 70 年代后，我国档案学研究重新焕发出生机与活力，迅速地恢复、发展起来，并呈现出欣欣向荣的喜人景象，在我国档案学的发展史上矗立起一座新的丰碑。这一时期中国档案学的研究内容极其丰富，几乎涵盖了档案学的所有领域。

（一）特点

恢复与繁荣时期中国档案学的基本特点有：第一，研究范围的广泛性。这一时期中国档案学的研究范围得到了极大的拓展，从档案到档案工作到档案学本身，从档案室工作、档案馆工作到档案事业管理工作、档案教育工作、档案法制工作直至档案科研工作本身，从文书档案工作到科技档案工作和其他专门档案工作，从历史到现实，从国内到国外，都有一大批成果问世。第二，研究内容的综合性。自20世纪80年代起，我国档案学者积极引进与移植相关学科的理论与方法进行档案学研究，这不仅拓宽了档案学的研究领域，而且开阔了档案学者们的研究视野。第三，研究方法的多样性。当代中国档案学者逐步摸索出多种行之有效的研究方法，基本上建立起比较完整的方法论体系。第四，研究成果的时代性。新时期的档案学研究者密切关注档案工作发展的时代脉搏，紧紧围绕党和国家的中心工作及档案工作中的热点和难点问题积极开展档案学研究，其成果具有鲜明的时代色彩。第五，研究行为的组织性。1980年以后，各省、市、自治区相继成立了档案学会，国家档案局和部分省级档案局还先后设立了专门的档案科研机构，档案学研究主体的组织性和协作精神明显增强。第六，理论和观点的抽象性。近二十年来，我国档案学界越来越重视对档案学基本理论问题的研究，档案学研究成果的学术水平明显提高，思辨色彩日益浓厚。

（二）主要成就

恢复与繁荣时期中国档案学的成就主要体现在以下几个方面：第一，档案学学科体系走向成熟与完善。分支学科的纷纷创立，使现代中国档案学从单一学科发展成为内容丰富、结构合理的学科群体，档案学的理论与学科体系也因此显得更加丰富和健全。新时期的档案学建设已逐渐与档案专业的课程建设分道扬镳，已经从具体学科建设和档案教育的课程建设入手的自然建设发展阶段转入从整体系统上设计一个科学体系结构，并有计划地按照这个结构去进行建设的自觉发展阶段。第二，档案学的学科地位有了进一步提高。档案学研究被列入《全国哲学社会科学研究规划》《科学技术发展十年规划》，《当代中国的档案事业》《中国大百科全书》档案学卷的编写出版被纳入《当代中国》丛书和《中国大百科全书》总的编辑出版计划中；档案学的研究项目被列入国家社科基金、国家自然科学基金项目指南；国务院学位委员会图书情报档案专业评议组成立，负责图书馆学、情报学、档案学三个专业的硕士学位点、博士学位点和国家社科基金项目的审批；1997年，国务院学位委员会将档案学的学科归属由历史学调整为管理学，与图书馆学、情报学一起组成一级学科。第三，档案学基础理论研究全面推进，填补了许多空白。档案学界除了对前人已经探讨的档案学基础理论问题进行深化研究以外，还努力开拓新的档案学基础理论研究领域，对前人未曾涉及的诸多档案学基础理论问题进行了全面的研究，其成果更为科学，更能反映档案、档案工作和档案学的本质与规律。第四，档案学应用理论研究的范围不断扩大，内容日益细化。我国档案学界一直非常重视档案学应用理论研究，其成果在整个档案学研究成果中始终占有很大的比例。这一时期，档案学界除了继续深入探讨文书档案、科技档案及影片、照片、录音档案的管理理论、原则和方法以外，还对各种专门档案的管理理论、原则与方法进行了全面、系统的研究，并在许多方面取得了重大突破。第五，中外档案事业史研究不断深入。与之前相比，这一时期的中国档案事业史研究更为深入、细致，不仅出版了档案专门史和断代史专著，而且研究的内容也更加全面，涉及档案、档案工作、档案机构、档案人员、档案教育、档案文献编纂、档案学思想与理论等各个方面，在许多领域都取得了富有创建性的成果，并且纠正了一些讹误。我国档案学界与国际档案界的联系越来越密切，对外国档案学理论及档案工作实践的了解越来越全面，先后翻译、编写了一批外国档案事业史论著。第六，档案学应用技术研究成就喜人。在档案库房建筑、档案装具、库房内温湿度控制、档案制成材料的耐久性、褪色档案字迹的恢复、机械化档案修裱、运用现代科技管理档案等方面的研究都取得了举世瞩目的成就，其中有不少成果属于世界首创，处于国际领先水平。第七，档案学术气氛更加活跃，档案学术评论健康发展。党和国家制定了一系列有利于档案学发展的方针、政策，倡导并鼓励大家开展档案学术讨论。学者们本着“真理面前人人平等”和“与人为善”的原则，心平气和地开展档案学术批评，大家互相探讨、互相学习、互相补充，达到取长补短、共同进步的目的。第八，建立了档案学科研课题的立项审批制度和优秀科研成果奖励制度。在科研课题的申请立项和优秀科研成果的评奖方面，档案学获得了与其他学科相同的机会和待遇。第九，档案学研究队伍进一步壮大。越来越多的人相继投身于档案学研究，档案学的研究队伍日益壮大，这不仅表现为数量的增长，而且表现为质量的提高。从事档案学研究的既有专职档案科研人员、档案专业教师，又有档案实际工作者，还有来自其他学界的研究者。

（三）不足

这一时期中国档案学存在以下几个主要问题：第一，档案学研究的集约化程度低，低水平重复现象比较严重。第二，部分档案学术语（概念）、理论不严谨。

第三，在移植和引进其他学科理论与方法的过程中存在着一定程度的“食而不化”“生搬硬套”现象。第四，部分档案学者对待外国档案学理论不够理智、客观，感情色彩浓厚。第五，故弄玄虚，隔靴搔痒。第六，在评价档案学遗产时，部分档案学研究者陷入了历史虚无主义的泥潭。第七，定量分析法在档案学研究中的运用尚有不尽如人意之处。

鉴于上述问题，当前我们应着重解决以下几个方面的问题：建立档案学术规范；健全档案科研管理体制，研究档案学发展战略；进一步加强档案学术评论工作；努力改善档案学研究系统的外部环境；建立、健全文献检索系统。

五、中国档案学的发展规律及其发展方向

（一）发展规律

中国档案学在其发展过程中除了体现出从无到有、从分散到系统、从低级到高级、从肤浅到深入、从简单到复杂等科学发展的一般规律以外，还呈现出如下一些发展规律：第一，档案工作实践的需要是档案学发展的内在动力。档案工作实践不仅规定着档案学理论研究的对象和范围，而且决定着档案学的发展规模、速度和水平；档案工作实践是检验档案学理论正确与否的唯一标准，也还是档案学理论不断补充、修正和完善的原动力。第二，结构合理的科研队伍是档案学发展的关键因素。开展档案学研究，形成档案学的繁荣局面，离不开一支结构合理、精干高效的档案科研队伍。不同岗位、不同职业、不同学界的档案学研究者各有千秋，优势互补，共同推动着当代中国档案学快速向前发展。第三，稳定的政策是档案学发展的根本保证。档案学的兴衰、成败与国家的政治环境有着密切的关系，国家的直接关心、重视与支持更是档案学健康发展的政策保证。第四，经济、科技、文化是档案学发展的必要条件。经济是开展档案学研究的重要物质基础，对档案学的发展规模、速度和水平起着一定的制约作用。科技的发展导致档案学研究范围的拓宽，并促使档案学界及时地进行理论补充、修正和完善。学术研究氛围活跃，文化事业发达，就会推动档案工作和档案学的发展。第五，中外档案学术与业务交流是档案学发展的外部动力。国外档案学的传入对于我国档案学的建立和发展起到了一定的促进作用，我国的许多档案学理论也因此更加充实和完善。

（二）发展方向

中国档案学将朝着以下几个方向发展：第一，档案学的研究范围将进一步拓宽。随着我国档案事业的不断发展，未来中国档案学的研究领域将进一步扩大，

许多目前尚未引起档案学界普遍重视的问题将成为档案学者们悉心探求的重要领域，并将涌现出一批新的分支学科。第二，档案学的研究内容将逐步深入。随着定量分析方法的广泛运用，今后我国档案学界一定会在现有基础之上对档案学的众多基本理论问题进行更加深入的研究，中国档案学的理论水平将会跃上一个新的台阶。档案学的史学研究也将朝着纵深方向发展，在断代档案工作史、专门档案工作史、地方档案工作史研究领域取得全面进展。档案学的应用理论与技术研究也将趋向专深，以档案工作各环节、各程序为依托的新的档案学分支学科也将不断产生。第三，档案学研究的集约化程度将不断提高。越来越多的档案学者已逐步认识到开展集约化研究的必要性和优越性，并开始尝试通过组建科研共同体的形式来进行档案学研究，相信我国档案学研究的集约化程度将随着档案科研主、客观条件的日益成熟而不断提高。第四，档案学研究的综合性、系统性将更为明显。引进与吸收相关学科的理论、方法，使其与档案学相互渗透，形成交叉学科或横断学科，这是未来档案学分支学科产生的主要方式。定量分析方法将越来越受到我国档案学界的重视,含有定量分析研究成分的档案学论者将不断增加。第五，档案学基础理论研究和应用理论与技术研究之间互相交错、互相转化的趋势将日渐突出。档案学基础理论研究和档案学应用理论与技术研究之间没有不可逾越的鸿沟，纯粹的档案学基础理论研究和彻底的档案学应用理论与技术研究都是不存在的，二者从来就不是完全对立、截然分开、水火不容的，而是相互包含、相互交叉、相互渗透的。可以预见，二者之间的互相结合、互相作用、互相转化将会更加紧密、更加迅速。第六，档案学研究将逐步融入国际档案学的洪流之中。在档案学研究中，世界各国之间存在着许多共性的课题，它们既包括许多应用理论与技术问题，也包括不少基础理论问题。不难想象，随着国际档案业务与学术交流的不断增多，我国档案学研究最终将成为国际档案学研究的一个组成部分。

第三节　发展档案学的重大作用

一、中国档案学研究的特点分析

（一）兼具理论性与实践性

理论与实践良性互促，才能双向建构档案学研究的创新和发展。理论体系的构建与完善为实践提供了方向性指导，对档案工作实践的关注和剖析则为中国自主的档案学知识体系建构提供了丰富的素材。通过整体回顾，2023 年档案学研究呈现出理论与实践并重的良好态势，学界对电子档案管理、档案治理、档案事业、档案学学科建设与发展等主题的讨论充分体现了理论性与实践性的交融。以电子档案管理研究为例，当前，以大数据、区块链、人工智能等为代表的新兴信息技术在档案工作中被广泛应用，不少传统的档案学经典理论遭受冲击，引发了学者对档案学基础理论的重新思考。再以档案治理研究为例，2023 年的研究成果包括对档案治理体系的概念探析、档案文化治理的学理阐释、机构改革的持续追踪、相关法律法规政策的解读以及对司法实践、法律救济的关注等，充分体现了档案学研究理论性与实践性兼备的特点。

（二）兼具历史性和时代性

2023 年的档案学研究展现了充分的历史性观照，较好地体现了继承性的原则。在档案学基础理论研究方面，学界运用批判的眼光重新审视古今中外档案学的经典立场、观点、方法，无论是对档案本质的追问与思考，还是对传统经典理论的再读与思辨，均增强了档案学的创新活力。“文章合为时而著”，档案学作为一门应用性社会科学，必然会受到事业发展和国家大政方针的影响并服务于国家重大事件和重大需求。档案学界对于档案事业“十四五”规划的长期关注，对国家文化数字化战略下档案工作的积极思考，对奥运、亚运档案等重特大事件档案资源体系建设与开发的热烈讨论，都体现了鲜明的时代性特色，也体现了档案学人主动迎合新时代中国档案事业发展需要、满足国家重大战略需求的担当。此外，对红色档案与课程思政建设的关注，也充分体现了档案学研究兼具历史性和时代性的特色，学界注重以历史视角进行理解，从现实纬度进行开发，对红色档案育人功能的发挥进行了系统性的研究探索，红色档案的鲜亮底色和鲜活元素得以充分展现。

（三）兼具本土性和国际性

本土性和国际性是中国档案学研究自立于全球视野的关键要素。就本土性而言，近三年的期刊论文都有着鲜明的倾向性，对档案事业、档案学科建设与发展、中国古文书学的研究是其典型代表。学者们注重挖掘中国档案学的历史与文化基因，探究中国式现代化、文化强国建设、总体国家安全观等视域下档案事业高质量发展的基本内涵与实现路径，讨论中国档案学自主知识体系的建构方向与发展前景，揭示中国古文书学的演化脉络与当代价值，无不体现着鲜明的中国特色及日益凝聚的学科自我认同。就国际性而言，档案学者在对档案学基础理论、电子档案管理、档案与数字人文等方面的研究中，积极把握国际前沿方向并不断吸收域外先进理论和方法用于丰富和完善自身发展。以发端于国外的后现代档案学理论为例，我国档案学界坚持秉承历史主义回溯后现代档案学理论演进脉络，并立足本土情境思考理论要点，以期实现兼收并蓄、融合发展。

（四）兼具开放性和创新性

开放性和创新性是档案学研究纵向发展与横向发展的重要方法。就其开放性而言，“聚焦于自身横向发展，将档案学放在一个更大的社会环境中加以思考，面向社会和服务社会，关注未知领域，开展与其他学科的交叉融合，跨出学科认知围栏”。2023 年的档案学研究，更加注重面向和服务社会，在档案开放和档案资源开发利用方面做了诸多有益的探索；更加注重数据治理、前沿信息技术在档案领域的应用；更加注重与哲学、社会学、法学等人文社会科学的交叉融合。就其创新性而言，档案学界尤其注重把握国际档案学和中国档案学的新趋势、新变化和新特点。以对档案与数字人文的研究为例，学界探索如何将数字人文的理论、技术和方法应用于档案管理，尝试以文本挖掘、知识图谱、机器学习等信息技术为档案的开发与利用赋能，据此构建具有创新性和前瞻性的档案事业发展图景。

二、发展档案学的重大作用

发展档案学在当今社会具有极其重大的作用，它不仅对于历史文化的传承与保护有着深远的影响，还在现代社会的各个方面都发挥着不可替代的作用。

（一）历史文化的传承与保护

档案，作为历史的真实记录，承载着人类社会丰富多彩的活动、事件和思想的原始资料。这些资料不仅是我们了解过去、认识现在的重要窗口，更是连接过去与未来、传承文明与智慧的桥梁。因此，发展档案学在历史文化的传承与保护中扮演着至关重要的角色。

首先，发展档案学能够确保这些珍贵的历史资料得到妥善的保存和管理。随着科技的进步，档案保存技术不断更新（如数字化存储、温湿度控制等），使得档案保存更加安全、可靠。同时，档案管理制度的完善也为档案的保存提供了制度保障。通过发展档案学，我们可以更加科学地制定档案保存策略，确保档案资料在时间的洗礼中得以完整保存。

其次，档案学的发展促进了对历史文化的深入研究。档案作为历史的见证，蕴含着丰富的历史文化信息。通过科学地分类、整理和编纂，我们可以将这些信息有序地呈现出来，为历史研究提供珍贵的素材。同时，档案学的研究方法和技术也为历史研究提供了新的视角和工具，使得我们能够更加深入地挖掘历史文化的内涵和价值。

最后，发展档案学有助于实现历史文化的有效传承。历史文化的传承需要借助一定的载体和媒介，而档案正是其中之一。通过发展档案学，我们可以将历史资料以更加生动、直观的形式呈现给公众，如举办档案展览、出版档案书籍等，让更多人了解和认识历史文化。同时，档案学的普及和教育也能够培养公众对历史文化的兴趣和热爱，进一步推动历史文化的传承和发展。

综上所述，发展档案学在历史文化的传承与保护中具有不可替代的作用。通过确保历史资料的保存、促进历史文化的深入研究以及实现历史文化的有效传承，我们可以更好地保护和传承人类社会的宝贵财富——历史文化。

（二）政府管理与决策支持

在政府的日常管理和决策过程中，档案发挥着举足轻重的作用。这些档案不仅记录了政府工作的历史轨迹，更是政府决策的重要依据。因此，发展档案学对提升政府管理的效率，以及为决策提供及时、准确的信息支持，具有极其重要的意义。

首先，发展档案学可以显著提高政府档案管理的效率。通过引入先进的档案管理技术和方法（如电子化档案管理系统、云计算和大数据技术等），可以实现档案的快速检索、分类和整理，极大地减少人工操作的出错率。这不仅提高了档案管理的效率，还降低了管理成本，使政府能够更加高效地应对各种工作需求。

其次，发展档案学能够提升政府档案管理的准确性。在传统的档案管理中，由于人为因素的存在，难免会出现一些错误和疏漏。发展档案学则可以通过引入更加科学、规范的管理制度和流程，以及采用 OCR 识别、自动分类等更加先进的技术手段，来减少人为错误，提高档案管理的准确性。这有助于确保政府决策所依据的档案信息的真实性和可靠性。

更为重要的是，通过对档案数据的深入分析，政府可以更加精准地把握社会发展的脉搏。档案数据中蕴含着丰富的信息，如社会经济发展趋势、民生需求变化、政策实施效果等。通过运用数据分析技术，政府可以挖掘出这些信息中有价值的内容，为政策制定提供有力的数据支撑。这有助于政府制定更加科学合理、符合实际情况的政策，提高政策的有效性和针对性。

总之，发展档案学在政府管理与决策支持方面发挥着重要作用。通过提高档案管理的效率和准确性，为政府决策提供及时、准确的信息支持，以及通过数据分析帮助政府精准把握社会发展的脉搏，档案学为政府工作的顺利开展提供了有力保障。

（三）企业运营与风险防控

在复杂多变的市场环境中，企业档案作为企业运营和决策的重要依据，其完整性和安全性直接关系到企业的生存和发展。因此，发展档案学在企业运营与风险防控中发挥着至关重要的作用。

首先，发展档案学能够确保企业档案的完整性和安全性。企业的档案中包含了大量的商业机密、客户信息、合同协议等敏感信息，一旦泄露或遗失，将给企业带来不可估量的损失。通过发展档案学，企业可以引入先进的档案管理系统和技术手段（如数据加密、访问控制、备份恢复等），确保档案在存储、传输和使用过程中的安全性和保密性。同时，建立健全的档案管理制度和规范，明确档案的保管责任和权限，从制度上保障档案的完整性和安全性。

其次，发展档案学有助于企业更加清晰地了解自身的运营状况和风险点。企业的档案中记录了企业的历史沿革、经营策略、财务状况、市场情况等关键信息，通过对这些信息的深入分析和研究，企业可以了解自身的优势、劣势、机会和威胁，从而制定更加科学合理的经营策略和决策。同时，通过对企业档案的监控和分析，企业可以及时发现潜在的风险点（如市场风险、信用风险、合规风险等），从而提前采取相应的风险防控措施，降低风险对企业的影响。

最后，发展档案学能够为企业制定更加有效的风险防控措施提供有力支持。在风险防控方面，企业需要制定一系列的风险管理制度和应急预案，以确保在风险发生时能够及时、有效地应对。通过发展档案学，企业可以建立更加完善的风险档案体系，将各类风险信息进行分类、整理和归档，为企业制定风险管理制度和应急预案提供数据支持。同时，企业还可以利用档案数据对风险进行量化分析和预测，为风险防控提供更加精准的依据和策略。

（四）学术研究与创新

档案学的发展对于学术研究来说，如同为学者点亮了一盏明灯，照亮了他们探索历史、分析社会现象的道路。档案作为人类活动留下的第一手资料，其丰富性和真实性为学术研究提供了无尽的素材和依据。

首先，档案学的发展使得学者能够更加方便地获取和利用档案资料。通过档案学的专业技术和方法，学者可以更加系统地对档案进行整理、分类和检索，从而快速定位到所需的信息。这种高效的信息获取方式，极大地提高了学术研究的效率，使得学者能够在有限的时间内，更加深入地挖掘档案中的价值。

其次，档案学的发展促进了学术研究的深入。档案中记录的历史事件、社会现象和人物活动，都是学术研究的重要对象。通过对这些档案资料的深入挖掘和利用，学者可以更加深入地了解历史和社会现象的本质和规律，发现其中的规律和趋势，从而推动学术研究的不断深入。

再次，档案学的发展促进了跨学科的研究和创新。档案学作为一门独立的学科，其研究方法和技术手段具有一定的通用性。其他学科的研究者可以借鉴档案学的研究方法和技术手段，对自己的研究领域进行深入的探索和分析。同时，档案学也可以与其他学科进行交叉融合，形成新的研究领域和研究方向。这种跨学科的研究和创新，不仅丰富了学术研究的内涵和外延，也为其他学科的发展提供了有力的支持。

最后，档案学的发展还推动了学术研究的创新。随着时代的发展和社会的进步，档案的形式和内容也在不断变化。档案学需要不断地适应这种变化，更新自己的研究方法。这种不断创新的精神，也激励着学者在学术研究中不断探索新的领域和方向，推动学术研究的不断发展和进步。

（五）社会教育与公共服务

档案学的发展在促进社会教育和提升公共服务方面发挥着重要作用。档案不仅是历史的记录，更是文化的传承和教育的资源。随着档案学的不断进步，这些珍贵的资源得以更好地利用和普及，从而惠及广大群众。

首先，档案学的发展推动了档案资源的开放和共享。通过开放档案资源，社会大众能够更加便捷地接触到历史和文化知识。这不仅能够满足公众对知识的渴求，还能增强他们的文化素养和历史意识。无论是学生、教师还是普通市民，都可以通过查阅档案，了解历史、认识社会、启迪智慧。

其次，档案学的发展促进了社会教育的多样化。档案中蕴含着丰富的教育素材，如历史文献、名人传记、民俗资料等。这些素材可以被用于各类教育活动，如课堂教学、讲座、展览等。通过利用档案资源，教育工作者可以设计出更加生动、有趣的教育内容，激发学生的学习兴趣和热情。同时，档案学的发展也为公众提供了更多的自学途径，如在线档案数据库、数字档案馆等平台的上线使得公众可以随时随地自主学习。

此外，档案学的发展还提升了公共服务的水平。随着档案信息化建设的推进，公众可以更加便捷地获取所需的档案信息和资料。无论是查找个人档案、了解政策法规还是进行学术研究，公众都可以通过档案网站、手机 APP 等渠道快速获取所需信息。这不仅提高了公共服务的效率和便捷性，还增强了公众对档案工作的信任度和满意度。

（六）法律证据与维权

在法律领域，档案不仅是历史的记录，更是重要的法律证据。它们承载着各种法律事件的事实、过程和证据，对于法律诉讼和维权活动具有不可或缺的作用。发展档案学，特别是在档案的法律效力认定和保存管理方面，对法律证据的有效运用和维权活动的顺利进行具有重要意义。

首先，发展档案学能够确保档案的法律效力得到充分发挥。档案的法律效力体现在其真实性和原始性上。档案学通过科学的方法和手段，确保档案在收集、整理、保存和使用过程中保持其原始状态，防止被篡改或伪造。这使得档案在法律诉讼中成为强有力的证据，有助于还原事实真相，维护法律的公正和权威。

其次，档案学的发展为法律诉讼提供了有力的证据支持。在法律诉讼中，证据是判决的关键。档案作为原始证据，具有不可替代的价值。发展档案学，特别是在档案的分类、检索和呈现方面，使得律师和法官能够更加方便地获取和利用档案证据，提高诉讼效率和判决质量。

最后，通过保存和管理，档案还可以为个人的权益保护提供重要的依据和支持。个人的权益保护需要依靠各种证据来支持。档案中可能包含了个人的身份信息、财产记录、合同协议等重要信息，这些信息对于维护个人权益至关重要。发展档案学，特别是在档案的保存和检索方面，使得个人能够更加便捷地获取和利用自己的档案信息，为维权活动提供有力的支持。

综上所述，发展档案学对于历史文化的传承与保护、政府管理与决策支持、企业运营与风险防控、学术研究与创新、社会教育与公共服务以及法律证据与维权等方面都具有重大的作用。因此，我们应该高度重视档案学的发展和应用，为社会的进步和发展做出更大的贡献。

三、中国档案学研究的发展趋势

（一）坚持守正创新，继续推进档案学学科的发展

面对外部环境的不断变化和档案学学科、档案工作实践的自身发展，档案学研究应始终坚持守正创新。一方面要强基固本，牢牢把握学科的核心内容与基础理论；另一方面要顺势而为，用发展着的理论指导发展着的实践。其中，“守正”是档案学学科保持独立自主发展的基础，守的是档案学的核心研究范畴、基本理论框架、连续的知识体系；“创新”则是档案学学科保持生命力、创造力的关键方式，要通过顺应新变化、融入新理念、学习新知识、发展新理论，从研究范式与研究内容上拓宽档案学研究的边界。因此，档案学研究既要注重发掘传统档案学的文化基因，有效继承过去的历史经验；也要以时代为观照，不断推动理论创新与发展。

（二）平衡国际借鉴和本土关照，建构中国自主档案学知识体系

2022 年 4 月，习近平总书记在中国人民大学考察时特别指出，“加快构建中国特色哲学社会科学，归根结底是建构中国自主的知识体系”。构建中国特色的档案学最终是要建构中国自主的档案学知识体系已然成为学界共识，但是其建构并非一朝一夕能够完成，而是一项复杂的系统性工程，需要各方发力，久久为功。在此过程中，要把握好档案学研究国际借鉴与本土关照的关系，建构具有原创性、标志性、引领性的中国档案学自主知识体系。在国际借鉴方面，要以兼容并包的态度学习国外优秀的档案学研究成果，拓宽研究视野，加强理论互鉴；在本土关照方面，则要立足当代中国实际，使用当代中国话语，融汇现代理论和方法，实现其创造性转化、创新性发展，并坚持对未知领域的持续追问和不懈探索，使中国自主的档案学知识体系具有强大的生命力和竞争力。

（三）向外延展，向内深化，推动档案学研究立体式发展

未来，在国家文化数字化战略的大背景下，在新文科建设的浪潮中，只有跨学科的复合型研究才能为档案学研究提供新视角、新知识、新理论。目前，档案

领域也有诸多问题切实需要通过跨学科视野来论证解决，如档案文献遗产保护与记忆工程建设等领域急需更加多元的视角与方法，数智转型的大趋势也为档案学拓展出多元研究空间。因此，唯有档案学与哲学、社会学、法学、公共管理、新闻传播学、数据科学等不同学科交流碰撞，并与新兴信息技术不断叠合交融，才能推动其理论边界的拓展和应用实践的丰富。与此同时，档案学界仍要立足自身优势，更加关注学科内涵建设，夯实基础理论体系，不断丰富和细化研究内容，在拓展档案学研究视域的同时，不断向内、向深挖潜，加大理论研究力度。

（四）挖掘人学意蕴，提高档案学研究的人道主义旨趣

马克思主义人学思想是马克思主义理论的重要组成部分，它主要讨论的是人、人性和人的价值等一系列问题。档案与“人”关系密切，学界应立足档案事业新发展阶段的价值立场、实践路径和远景目标，把握其中的人本理念和人学意蕴，以提高档案学研究的人道主义旨趣。具体而言，档案学者应站稳人民立场，直面档案事业发展过程中面临的现实问题，对个人信息保护、档案权利救济等与人民群众切身利益相关的问题予以理论回应；应持续关注“档案与记忆”“档案与身份认同”“档案与权力”“档案情感价值”等与人密切相关的研究议题；应在红色档案与思政课程建设中，将红色基因传承与马克思主义人学思想相结合，更加有效地发挥红色档案的育人价值。此外，档案学界也应对档案工作者予以更多关注，在档案人才队伍建设、档案职业伦理与职业健康等多个方面开展研究。

（五）树立实践导向，为档案事业现代化发展建言献策

党的二十大确定了未来党的中心任务是以中国式现代化全面推进中华民族伟大复兴，适应中国式现代化并能够提供坚强基础和有力支撑作用的档案工作也必须是现代化的。为此，在实现中华民族伟大复兴的过程中，在国家文化数字化战略背景下，在档案事业“十四五”规划的蓝图中，档案学研究要自觉树立实践导向，关注中国社会现实，服务党和国家的中心大局，面向国家重大发展战略需求，于数字化实践和多元应用场景中，通过学科自身贡献，为社会赋能。时代课题是理论创新的驱动力。当前，档案事业的实践发展不断演进，档案学界必须加强对实践的系统总结和分析研判。一方面要通过理论研究回答“实践之问”，另一方面要注意将实践经验升华为“中国智慧”。

总之，面向未来的档案学研究必须始终秉持开放包容的信念，坚持守正创新，通过加强学科建设、建构自主知识体系，以坚定的学科自信、理论自信、文化自信担负起推动档案事业高质量发展，进而助力中国式现代化建设的神圣使命。

第二章

“互联网 +”思维概述

第一节 "互联网 +"思维的概念和特点

一、"互联网 +"思维的定义与内涵

"互联网 +"思维，作为一种前沿且富有创新性的理念，其核心在于将互联网的先进技术和创新成果深度融入经济社会发展的各个领域，以此推动实体经济的创新力和生产力的显著提升。这种思维模式的出现，不仅标志着互联网技术与传统产业融合的新高度，更是经济社会发展形态变革的重要标志。对"互联网 +"思维的内涵进行多角度的阐释，便不得不聚焦"跨界融合、创新驱动、重塑结构、尊重人性、开放生态、连接一切"等"互联网 +"的六大特征。

在"互联网 +"思维的指引下，跨界融合成为推动经济社会发展的重要动力。传统产业通过与互联网技术的深度融合，实现了资源的优化配置和高效利用，推动了产业结构的优化升级。创新驱动在提升实体经济的创新能力上发挥着关键作用，激发企业不断创新，为经济社会发展注入新的活力。

重塑结构是"互联网 +"思维的又一核心理念。通过打破传统产业的固有模式，构建以互联网为基础设施和创新要素的新型产业生态，推动经济社会发展的可持续性。尊重人性，强调在发展过程中充分考虑人的需求和体验，实现科技与人文的和谐共生。

开放生态则是"互联网 +"思维的重要特征。通过构建开放、共享、协同的互联网生态体系，促进不同领域、不同行业之间的互联互通，实现资源的共享和优势互补。连接一切，则意味着通过互联网技术将各类信息、资源、服务等紧密连接在一起，形成互联互通的信息网络，提升整体的社会效率。

"互联网 +"思维旨在推动传统产业的转型升级，实现经济社会的可持续发展。它不仅是互联网技术与经济社会发展的深度融合，更是对未来经济社会发展趋势的深刻洞察和前瞻性思考。

二、“互联网 +”思维特点

（一）快速迭代

互联网时代，变化是常态，而快速迭代则是适应这种变化的关键。快速迭代鼓励企业和个人勇于尝试，不断试错，并在短时间内学习和调整。通过快速迭代，企业可以更快地响应市场需求的变化，调整产品和服务，从而保持竞争力。同时，快速迭代使得新产品和服务的开发周期大幅缩短，提高了创新的效率。

（二）开放共享

“互联网 +”思维强调信息的开放和共享，这有助于打破传统的信息壁垒，促进知识和资源的流动。通过开放共享，企业可以获取更多的外部资源，降低创新成本，加速创新过程。同时，开放共享也促进了企业之间的合作，共同解决问题，实现共赢。此外，开放共享还有助于企业构建良好的品牌形象，提高社会影响力。

（三）数据驱动

在互联网时代，数据已经成为企业决策的重要依据。“互联网 +”思维注重数据的收集和分析，通过数据来洞察市场和用户的需求，优化运营策略，提高产品和服务的质量。数据驱动的思维模式使企业能够更加精准地把握市场脉搏，降低市场风险，提高运营效率。同时，数据驱动还有助于企业实现个性化服务，提升用户体验，增强用户黏性。

（四）用户思维

“互联网 +”思维将用户放在中心位置，以用户需求为导向，注重用户体验和用户价值。通过深入了解用户需求，企业可以不断优化产品和服务，提高用户满意度和忠诚度。同时，以用户为中心的思维模式还有助于企业构建用户社区，加强用户之间的互动和交流，形成良好的口碑效应。此外，用户反馈也是企业改进产品和服务的重要依据，有助于企业不断优化产品结构。

（五）生态系统思维

在互联网时代，企业和个人之间的联系更加紧密，形成了一个复杂的生态系统。生态系统思维强调整个生态系统的健康和平衡，注重各参与者互利共赢。通过生态系统思维，企业可以更好地理解和应对各种影响因素，实现与合作伙伴、供应商、客户等各方之间的协同发展。同时，生态系统思维还有助于企业拓展新的业务领域和市场空间，实现可持续发展。

第二节 “互联网 +”思维的发展历程

一、萌芽阶段（2012 年及之前）

在这个阶段，互联网技术如春雨般滋润着各行各业，虽然“互联网 +”思维的概念尚未明确提出，但其影响力已如涟漪般逐渐扩散。互联网不仅改变了人们的沟通方式，还推动了信息传播速度的飞跃。与此同时，随着电子商务的兴起，互联网逐渐从单纯的信息传播工具，转变为商业交易、社交互动的重要平台。这种转变预示着互联网将在未来对更多传统行业产生颠覆性的影响。

2012 年 11 月，易观国际董事长兼首席执行官于扬在一次演讲中首次提出了“互联网 +”理念。他认为，互联网将像水和电一样，成为现代社会的基础设施，推动传统行业的转型升级。这一理念的提出，为后来的“互联网 +”思维奠定了坚实的理论基础。

二、提出与普及阶段（2012—2015 年）

2015 年 3 月 5 日，在第十二届全国人民代表大会第三次会议上，李克强总理在政府工作报告中首次提出“互联网 +”行动计划，标志着“互联网 +”正式上升为国家战略。这一计划的提出，无疑为互联网与传统行业的融合注入了强大的动力。

该行动计划强调推动移动互联网、云计算、大数据、物联网等现代信息技术与现代制造业的结合，促进电子商务、工业互联网和互联网金融的健康发展。在这一背景下，各行各业开始积极拥抱互联网，尝试将互联网技术与传统业务相结合，寻求新的增长点。

在这一阶段，“互联网 +”思维开始被广大企业和群众所认知和接受。越来越多的行业开始关注互联网的力量，希望通过与互联网的融合，实现自身的转型升级。

三、融合发展阶段（2015 年至今）

随着“互联网 +”思维的普及和应用，互联网与传统行业的融合越来越深入。

互联网不仅改变了传统行业的运营模式，还推动了传统行业的转型升级。

在“互联网 +”初级阶段，许多传统行业开始尝试将互联网元素融入自身的业务中，比如开设线上商城、开展网络营销等。这些尝试虽然初显成效，但互联网与传统业务的融合仍然停留在表面。

而到了“互联网 +”中级阶段，互联网已经开始深度融入传统行业的核心业务之中。传统行业开始利用大数据、云计算等先进技术进行数据分析、市场预测等，实现了与互联网的深度融合。这种深度融合不仅提高了传统行业的运营效率，还为用户提供了更加便捷、高效的服务。

在这一阶段，涌现出了许多成功的“互联网 +”案例。例如，滴滴出行通过整合线上线下资源，为用户提供便捷的出行服务；Airbnb 利用闲置房源，为用户提供个性化的住宿体验；美团外卖通过线上点餐、线下配送的方式，满足了用户的餐饮需求；蚂蚁金服则利用互联网技术，为用户提供了全方位的金融服务。这些成功案例的涌现，不仅证明了“互联网 +”思维的巨大潜力，也为其他行业提供了宝贵的借鉴经验。

四、创新发展阶段（持续进行）

当前，“互联网 +”思维正推动着各行各业不断创新和发展。随着 5G、人工智能、物联网等新一代信息技术的快速发展和应用，“互联网 +”思维将呈现出更加广阔的发展前景。

未来，“互联网 +”思维将继续深化与传统行业的融合，推动产业升级和经济发展方式的转变。同时，随着技术的不断进步和市场的不断变化，“互联网 +”思维也将不断演变和创新，为企业和个人带来更广阔的发展空间。

在这个过程中，用户体验和个性化需求将成为“互联网 +”思维的重要关注点。通过利用大数据、人工智能等技术手段，企业可以更加深入地了解用户需求和行为习惯，为用户提供更加智能化、个性化的服务。这种服务模式将有助于提高用户满意度和忠诚度，进一步巩固企业的市场地位。

总之，“互联网 +”思维的发展历程是一个从萌芽到普及、再到融合和创新的过程。它推动了传统行业的转型升级，也为企业和个人带来了新的机遇和挑战。随着技术的不断进步和市场的不断变化，“互联网 +”思维将持续引领各行各业的创新发展。

第三节 “互联网 +”思维的应用

“互联网 +”是一种新战略、新模式、新趋势和新形态，其本质是用互联网技术与思维推动传统产业的升级和更新。本节提到的“互联网 + 时代”是一个时间概念。互联网从 1995 年开始进入中国，互联网在中国社会的发展速度之快是全社会有目共睹的。

李易提出中国互联网发展经历了三次革命，分别是桌面互联网革命、移动互联网革命以及“互联网 +”革命，但是李易并没有清晰划分三次革命的时间节点的界限。也有学者将中国互联网发展历史划分为三个阶段，第一阶段是 1994—2000 年的探索时间；第二阶段是 2001—2008 年的 PC 门户网站；第三阶段就是 2009 年至今的移动互联时代，同样没有明确指出“互联网 +”时代的起始时间。目前，学术界关于“互联网 +”时代的开始时间没有给出准确的科学界定。

通过查阅大量资料，对“互联网 +”这一概念的认识逐步加深。从不同角度考察“互联网 +”时代这一范畴会得出不同的结论。

从概念传承层面来说，2007 年，易观国际提出了“互联网化”的概念，是互联网与各传统产业进行全面互动和深度整合的初级阶段，后来出现的“互联网 +”概念是对“互联网化”概念的延伸和深化，因此，我们可以将 2007 年视为我国“互联网 +”时代的起点。

从理念提出层面来说，2012 年 11 月，易观国际在北京召开第五届移动互联网博览会，易观国际董事长于扬在会上所作的报告中第一次出现“互联网 +”概念，但是当时并没有引起学界的广泛关注。

从技术支持层面来看，“互联网 +”的发展需要依托 4G、5G 等通信网络技术，因此，2013 年作为 4G 通信技术的元年，从技术意义来说，2013 年也可以看作是“互联网 +”时代的元年。从这一年开始，以人工智能、云计算、物联网、大数据为代表的各类信息技术迅猛发展，同时，诸如“互联网 + 金融”“互联网 + 教育”等“互联网 + 传统行业”的新业态呈现全面发展的趋势。

从国家战略层面来说，2015 年，在第十二届全国人民代表大会第三次会议上，李克强总理在政府工作报告中首次提出“互联网 +”行动计划：“推动移动互联网、云计算、大数据、物联网等与现代制造业结合，促进电子商务、工业互联网和互联网金融健康发展，引导互联网企业拓展国际市场”。“互联网 +”自此上升为国家战略。鉴于此，赵明辉在《你也可以玩转互联网 +》一书中明确指出，“2015 年可以说是互联网 + 元年”。

综上所述，“互联网 +”时代目前没有明确的时间节点，但是为了便于学术研究，扩大研究范围，将“互联网 +”时代的起点确定为 2007 年，换言之，本节的档案利用理论研究范围将涉及 2007 年以来的相关成果。

一、时代背景与发展趋势

在当前时代背景下，互联网技术日新月异，其普及与深化已经深刻改变了社会生活的方方面面，成为推动经济社会发展的不可或缺的重要动力。与此同时，全球化与信息化的浪潮正加速推进，使传统产业面临前所未有的转型升级压力和挑战。

在未来的发展趋势中，我们可以预见，“互联网 +”思维将持续引领经济社会的前进方向。这种思维模式鼓励传统产业与互联网进行深度融合，通过数字化、网络化和智能化的手段，实现产业结构的优化升级和经济效益的显著提升。大数据、云计算、人工智能等前沿技术的快速发展，也为“互联网 +”的应用提供了更为广阔的空间。

具体来说，大数据技术可以实现对海量数据的深度挖掘和分析，为企业决策提供精准的市场洞察和策略建议；云计算技术则提供了高效、灵活的计算和存储服务，为各类应用提供了强大的后台支持；而人工智能技术的不断进步，则推动了机器学习、自然语言处理等领域的创新应用，为经济社会的发展注入了新的活力。

在这样的发展趋势下，传统产业与互联网的融合将创造出更多的新产业、新业态和新模式。例如，智能制造、智慧农业、智慧物流等领域将不断涌现出创新性的产品和服务，为经济社会发展提供新的增长点。随着“互联网 +”应用的不断深入，人们的生活方式、消费习惯等也将发生深刻变化，进一步推动社会的全面进步。

我们可以预见，在未来的发展中，“互联网 +”将持续发挥其引领和推动作用，为经济社会的繁荣发展提供强大的动力支持。

二、“互联网 +”与传统产业的关系

“互联网 +”思维作为一种创新理念，为传统产业带来了前所未有的发展机遇。这种思维模式的引入，不仅推动了传统产业的转型升级，而且在提高生产效率和服务质量方面发挥了关键作用。

在互补关系层面，“互联网 +”思维通过引入先进的互联网技术和创新模式，为传统产业注入了新的活力。传统产业在保持自身核心竞争力的前提下，借助互联网技术的力量，实现了业务流程的优化、市场渠道的拓展以及客户服务的升级。这种互补关系不仅促进了传统产业的创新发展，也推动了互联网技术的广泛应用和深入发展。

在融合关系层面，“互联网 +”思维强调了跨界融合的重要性。它打破了传统行业的壁垒，使得不同产业之间的界限逐渐模糊。这种跨界融合有助于形成全新的产业链和价值链，推动经济社会的全面发展。通过跨界合作，传统产业可以借鉴互联网行业的创新理念和先进技术，实现自身的转型升级；而互联网行业也可以依托传统产业的资源和优势，实现技术的落地应用和市场拓展。

在共生关系层面，“互联网 +”思维与传统产业形成了相互依存、相互促进的关系。传统产业需要借助“互联网 +”思维的力量来适应市场需求的变化和应对行业竞争的压力；而“互联网 +”思维也需要依托传统产业的资源和市场基础来实现自身的价值。这种共生关系不仅有助于推动经济社会的发展，也为传统产业的可持续发展提供了有力支撑。

“互联网 +”思维在推动传统产业创新发展方面发挥了重要作用。通过互补、融合和共生等多种关系形式，“互联网 +”思维为传统产业注入了新的活力和动力，推动其不断适应市场变化、提升核心竞争力。这也为经济社会的发展带来了更为广阔的前景和机遇。

三、创新引领战略在“互联网 +”中的应用

（一）创新理念及实践案例分享

在现今快速发展的商业环境中，跨界融合创新正成为推动企业进步的重要动力。这种模式打破了传统行业间的界限，将不同领域的知识、技术和资源进行有效整合，从而提供出前所未有的产品或服务。例如，互联网医疗和在线教育等领

域的跨界融合创新，不仅提升了服务效率，还极大地方便了用户，为用户带来了全新的体验。

在跨界融合创新的过程中，用户中心创新理念同样不可或缺。这一理念强调以用户需求为导向，通过深入的市场调研和用户分析，精准把握用户的痛点和期望，进而设计出更符合用户需求的产品或服务。借助大数据分析等先进技术手段，企业可以更加准确地了解用户行为，从而不断优化产品设计，提升用户体验，进一步巩固市场地位。

与此同时，迭代式创新在推动产品和服务不断完善方面也发挥着重要作用。这种创新方式鼓励企业勇于尝试、不断试错，通过持续优化和迭代来完善产品或服务的功能和性能。在快速变化的市场环境中，迭代式创新能够帮助企业快速响应市场变化，满足用户日益增长的需求，从而在激烈的市场竞争中保持领先地位。

跨界融合创新、用户中心创新和迭代式创新是企业实现持续发展的关键要素。它们共同构成了企业创新发展的核心驱动力，推动企业不断创新、不断进步，为用户提供更加优质的产品和服务，为社会的繁荣发展做出更大的贡献。

（二）关键技术突破与创新能力培养

在现代信息化社会，云计算与大数据技术日益成为推动创新的强大引擎。这两者相互融合，不仅实现了海量数据的存储、处理与分析，更为我们提供了前所未有的技术支持和创新机遇。

云计算平台的弹性计算资源特性，使其能够灵活应对各类数据处理需求。无论是大规模的数据分析还是复杂的计算任务，云计算都能提供足够的计算资源和存储空间，为创新活动提供坚实的基础。这种灵活性使得企业或个人能够专注于创新和业务价值的创造，而无需过多关注技术细节和基础设施的维护。

人工智能与机器学习技术的快速发展，进一步提升了创新效率和准确性。通过运用先进的机器学习算法，我们可以对海量数据进行深度挖掘和分析，发现隐藏在数据背后的潜在规律和机会。这种自动化的决策和预测能力，不仅大大提高了创新的速度和精度，还为企业和个人提供了更为丰富的创新思路和方法。

仅仅依靠技术的支持是远远不够的。创新能力的培养机制同样至关重要。一个完善的创新能力培养机制，应当包括系统培训、实践锻炼和竞赛激励等多个环节。通过这些活动，我们可以激发员工的创新精神和创新能力，提升整个团队的创新水平。

云计算与大数据技术、人工智能与机器学习技术以及创新能力培养机制三者相互融合、相互支持，共同构成了推动创新发展的重要力量。我们应当充分利用这些技术和机制，不断提升自身的创新能力，为实现更高层次的创新和发展贡献力量。

（三）市场需求导向下产品创新策略

作为行业内的专业研究者，我们深知精准定位市场需求对于企业发展的重要性。通过深入的市场调研和详尽的数据分析，我们能够准确捕捉到市场的脉动和消费者的真实需求，进而为产品创新和升级提供有力的方向指引。

在市场竞争日益激烈的今天，差异化竞争策略已成为企业制胜的关键。我们致力于通过精心设计、不断优化功能等方式，打造出具有核心竞争力的产品或服务，从而在市场中脱颖而出。这需要我们具备敏锐的市场洞察力和持续的创新精神，确保我们的产品能够不断满足消费者的期望和需求。

产品创新的成功不仅仅在于差异化的竞争策略，还需要我们持续优化用户体验。我们时刻关注用户的反馈和需求变化，不断改进产品的功能和性能，以提供更加便捷、高效、舒适的使用体验。通过提升用户满意度和忠诚度，我们能够进一步巩固和拓展市场份额，实现企业的可持续发展。

在实际操作中，我们会综合运用多种市场研究方法（包括问卷调查、深度访谈、观察法等）来获取全面而准确的市场信息。我们也将充分利用大数据分析技术，挖掘隐藏在数据背后的潜在趋势和价值，为产品创新和竞争策略的制定提供有力支持。

精准定位市场需求、实施差异化竞争策略、持续优化用户体验是我们推动企业发展和产品创新的重要途径。我们将继续秉承专业、严谨的研究态度，不断提升自身的专业素养和实践能力，为行业的发展贡献更多的智慧和力量。

四、“互联网 +”思维下行业变革与应对策略

（一）各行业受“互联网 +”影响现状分析

随着科技的迅猛发展和数字化趋势的深入，各行各业正面临着前所未有的变革。在零售业领域，线上购物平台的崛起已成为不争的事实，它给消费者提供了更加便捷、高效的购物体验。这一变革使得传统实体店面临巨大挑战，众多商家开始探索线上线下融合的新模式，以适应市场的变化。

在制造业方面，智能制造和工业互联网等技术正逐步普及和应用，推动着产业的升级和转型。这些技术通过优化生产流程、提高生产效率，使得制造业更具

竞争力。智能制造还为企业提供了更灵活的生产方式，满足市场个性化、定制化的需求。

金融业作为国民经济的重要组成部分，也在经历着深刻的变化。互联网金融的快速发展为传统银行业务带来了巨大冲击，但同时也为金融科技创新提供了广阔的空间。金融机构正积极拥抱科技，推动金融服务的智能化、个性化，以满足日益增长的金融需求。

在教育领域，在线教育的兴起正改变着传统的教育模式。通过互联网技术，优质教育资源得以打破地域限制，实现共享。这为广大学习者提供了更加灵活、便捷的学习方式，同时也促进了教育公平。在线教育的发展不仅提升了教育效率，还为教育行业带来了新的增长点。

无论是零售业、制造业、金融业还是教育业，都在科技的推动下经历着深刻的变革。这些变革既带来了挑战，也孕育着机遇。各行各业应积极拥抱变革，抓住机遇，以创新驱动发展，实现产业的持续繁荣和进步。

（二）转型升级路径选择及挑战应对策略

在当今的市场环境中，企业的成功往往取决于其如何以用户需求为导向，进行产品创新与服务的升级，进而实现跨界融合。这种策略不仅有助于满足日益多样化的市场需求，还能为企业创造更多增长点，提升其市场竞争力。

在这一过程中，企业需要面对诸多挑战，尤其是技术层面和人才方面的挑战。技术研发的持续投入是确保产品与服务保持领先的关键，而人才的培养与引进则为企业提供了源源不断的创新动力。只有不断提升自身的核心竞争力，企业才能在激烈的市场竞争中站稳脚跟。

以某企业为例，其在转型升级的过程中，始终坚持用户需求导向，积极投入研发，推动产品创新。该企业也注重人才培养和引进，通过一系列人才培养计划和激励机制，吸引了大量优秀人才。这些举措不仅使该企业在产品创新和服务升级上取得了显著成果，还为其实现跨界融合提供了有力支撑。

任何企业的转型升级都不可能一帆风顺。在这个过程中，该企业也遇到了不少困难和挑战。但是，通过总结经验教训，不断调整和优化策略，该企业最终成功转型，并在市场中取得了良好业绩。

以用户需求为导向，推动产品创新和服务升级，实现跨界融合，是企业应对市场挑战、提升竞争力的有效途径。加强技术研发和人才培养也是实现这一目标的重要保障。企业应根据自身情况制定合适的发展战略，并不断优化和创新，以应对不断变化的市场环境。

（三）监管政策调整对行业影响预测

监管政策作为市场发展的重要导向，其调整趋势明显倾向于通过加强行业监管和规范市场秩序来促进公平竞争目标的实现。这一趋势的演进，对行业的发展方向将产生深远影响，有助于推动行业健康、可持续地发展。

从政策层面来看，加强行业监管的举措旨在减少市场乱象，保障消费者权益，提升行业的整体形象。通过规范市场秩序，能够有效抑制不正当竞争，维护市场公平，为行业的长期发展奠定坚实基础。促进公平竞争的政策导向，有助于激发市场活力，鼓励创新，提高行业整体竞争力。

对于企业而言，监管政策的调整意味着需要密切关注政策动向，及时了解政策要求和导向。这要求企业具备敏锐的市场洞察力和灵活的经营策略调整能力。企业应根据政策变化，适时调整自身的经营策略，以适应新的市场环境。例如，可以加强内部管理，提高产品和服务质量，以满足政策对行业规范的要求；也可以关注政策鼓励的领域和方向，积极投身创新研发，寻求新的发展机遇。

监管政策的调整趋势将对行业产生积极影响。通过加强监管和规范市场秩序，有助于提升行业的整体素质和竞争力；促进公平竞争的政策导向也将为企业创造更加公平、开放的市场环境，激发企业的创新活力。企业应积极应对政策变化，加强自身建设，以更好地适应和把握市场发展机遇。

五、企业如何把握“互联网 +”时代机遇

（一）企业文化塑造和内部管理机制改革

在当今日益变化的商业环境中，塑造互联网思维文化已变得至关重要。我们需要倡导一种开放、创新、协作和共享的互联网思维，让员工深刻认识到拥抱变革的重要性，并鼓励他们勇于尝试新事物。这种文化不仅能激发员工的创造力和主动性，还能推动企业在激烈的市场竞争中保持领先地位。

为了实现这一目标，我们必须优化内部管理机制。建立扁平化、高效化的管理体系是关键所在，它能减少决策层级，提高决策效率，使企业更加灵活应对市场变化。加强跨部门协作也是不可或缺的一环，通过形成合力，我们能够打破部门壁垒，实现资源共享，从而提高企业的整体运营效率。

与优化内部管理机制同样重要的是引入敏捷管理模式。借鉴敏捷开发的理念，我们能够快速响应市场变化，灵活调整业务策略。这种管理模式注重迭代和持续

改进，能够帮助企业更好地满足客户需求，提升市场竞争力。

塑造互联网思维文化、优化内部管理机制以及引入敏捷管理模式是提升企业竞争力的关键所在。我们需要不断推动这些工作的落实，确保企业在激烈的市场竞争中保持领先地位。我们也应该认识到，这些工作并非一蹴而就，而是需要长期努力和坚持。只有通过不断实践和探索，我们才能不断完善企业的管理体系，实现企业的可持续发展。

（二）人才队伍建设及培训体系搭建

在当前市场竞争激烈的环境下，企业若要在行业中脱颖而出，就必须注重人才选拔与培养，特别是针对具备互联网思维和创新能力的人才。为此，我们在招聘过程中始终坚持严格筛选，注重选拔具备互联网思维、创新能力及前瞻视野的优秀人才，以确保他们能够为企业带来新的活力和发展动力。

为了实现人才的全面发展，我们建立了一套多元化的培训体系，旨在提升员工的专业技能和综合素质。针对不同岗位和层级的员工，我们设计了多种培训课程，涵盖了技术、管理、市场等多个领域，以满足员工个性化的发展需求。这些课程不仅包括理论知识的传授，还注重实践技能的培养，以确保员工能够在实际工作中不断提升自己的能力和水平。

我们也非常重视员工的自主学习意愿和能力。我们提供了丰富的学习资源和便捷的学习平台，鼓励员工利用业余时间进行自主学习。通过自主学习，员工不仅能够拓宽知识面，提升专业素养，还能够增强自身的创新意识和解决问题的能力，为企业创造更多的价值。

在人才选拔与培养的过程中，我们始终坚持以市场为导向，以企业发展战略为目标，通过不断优化人才结构和提升人才素质，为企业的持续发展提供坚实的人才保障。我们相信，通过我们的努力，一定能够培养出一支具备互联网思维、创新能力的高素质人才队伍，为企业的未来发展注入新的活力和动力。

（三）资源整合能力提升及合作伙伴关系构建

在当前全球化与信息化交织的时代背景下，企业需要更为精细地管理资源，实现内外资源的有效整合。这首先意味着要充分挖掘和利用企业内部资源，包括人才、技术、资金以及管理等各方面优势，形成内部协同的合力。积极寻求外部合作也是关键所在，通过与行业内外的优秀企业建立合作关系，实现资源共享和优势互补，进一步提升企业的综合竞争力。

在建立合作伙伴关系方面，企业应注重与产业链上下游企业之间的紧密协作。

通过与供应商、分销商以及最终用户的紧密沟通与合作，共同推动产业的持续健康发展，实现产业链各环节的互利共赢。这种合作不仅有助于提升整体产业链的效率，还能够为企业带来更多的发展机遇和市场份额。

跨界合作在当前经济环境下也显得尤为重要。企业应积极寻找与其他行业的合作机会，将互联网技术与传统产业深度融合，创造出全新的商业模式和增长点。这种跨界合作不仅能够打破行业壁垒，促进资源的优化配置，还能够为企业带来新的发展动力和竞争优势。

整合内外部资源、建立合作伙伴关系以及拓展跨界合作是企业实现可持续发展的关键所在。企业应以开放、合作、共赢的心态，积极探索和实践这些策略，不断提升自身的综合竞争力和市场地位。通过不断优化资源配置、强化合作关系以及推动跨界融合，企业将在激烈的市场竞争中脱颖而出，实现更加稳健和可持续的发展。

六、未来发展趋势预测与前瞻性思考

（一）科技创新驱动下“互联网 +”前景展望

在当前科技高速发展的背景下，人工智能与大数据技术不断取得突破，预示着“互联网 +”模式将在各个领域实现更广泛而深入的应用。这种融合不仅提升了服务的效率，更确保了其精准性。人工智能技术的运用使得数据分析变得更为智能化和个性化，能够根据用户行为和需求提供更贴近实际的解决方案。而大数据技术的强大处理能力，使得海量信息得以快速整合与利用，为“互联网 +”提供了坚实的数据支撑。

当前，物联网技术的迅猛发展正推动着智能设备的普及。万物互联的时代已经悄然来临，智能家居、智能出行、智能医疗等应用场景层出不穷。这些智能设备通过物联网技术实现互联互通，不仅提升了用户体验，也为“互联网 +”提供了更为丰富的创新空间。

在数据处理和存储方面，云计算与边缘计算的融合成为一种新的发展趋势。云计算的强大算力与存储能力，结合边缘计算的低延迟、高可靠性等特点，使得数据处理变得更加高效和灵活。这种技术融合为“互联网 +”提供了更为强大的技术支持，使得各类应用场景得以实现更快速的数据处理、更精准地分析和更高效地响应。

人工智能、大数据、物联网以及云计算与边缘计算等技术的融合，正共同推动“互联网 +”的深入发展。这些技术不仅提高了服务的效率与质量，更推动了各行各业的创新与发展。我们有理由相信，在未来的日子里，“互联网 +”将持续引领科技变革的浪潮，为人类社会带来更多的便利与进步。

（二）政策法规环境对未来影响评估

随着信息技术的迅猛发展，网络安全与数据保护法规正逐步得到完善。在这一背景下，未来的“互联网 +”发展将愈发注重数据安全和隐私保护，为行业的健康发展奠定坚实基础。

政府对于“互联网 +”产业的支持正逐渐加大，产业政策与扶持措施将层出不穷。这些措施旨在推动技术创新、促进产业融合发展，并为企业提供有力的政策支持。这些政策的出台，无疑将为“互联网 +”的快速发展注入新的活力。

随着“互联网 +”的跨界融合趋势日益明显，监管挑战也逐渐凸显。不同行业、不同领域之间的界限逐渐模糊，监管难度不断加大。政府、企业和社会各界需要共同努力，建立适应新发展的监管体系，确保“互联网 +”在健康、有序的轨道上发展。

在建立新监管体系的过程中，应充分考虑数据安全和隐私保护的重要性。网络安全与数据保护法规的完善将为监管提供有力支撑，同时也要求各方共同遵守相关法律法规，切实保护用户数据安全。对于跨界融合的监管，应强化跨部门、跨领域的协作与沟通，形成合力，共同应对挑战。

展望未来，“互联网 +”将在产业政策的引导和扶持下，实现更广泛、更深入的融合发展。随着网络安全和数据保护法规的不断完善，以及新监管体系的建立，相信“互联网 +”将在保障数据安全和隐私的前提下，实现更加健康、稳定的发展。

（三）持续改进，推动产业可持续发展

用户体验与服务优化、人才培养与技术创新以及跨界合作与资源共享是推动“互联网 +”产业可持续发展的三大核心策略。在深入剖析“互联网 +”产业的可持续发展策略时，我们必须认识到，用户体验与服务优化在其中发挥着至关重要的作用。通过持续优化用户在互联网产品和服务中的体验，我们可以显著增强该产业的竞争力。这种优化不仅包括界面设计的改进、交互流程的简化，更涵盖服务质量的全面提升，从而确保用户在享受互联网服务的过程中能够获得更加流畅、便捷且个性化的体验。

因此，人才培养和技术创新也是推动“互联网 +”产业持续发展的重要引擎。我们必须注重高素质人才的培养和引进，通过提供系统的培训和发展机会，激发

人才的创新活力。技术创新同样不可或缺，它能够为产业发展提供源源不断的动力。只有不断创新，才能在激烈的市场竞争中保持领先地位。

跨界合作与资源共享则是实现“互联网 +”产业可持续发展的另一重要途径。通过加强与其他行业的合作，我们可以实现优势互补，共同推动产业的发展。资源共享也能够有效降低运营成本，提高资源利用效率。这种合作与共享的模式，不仅有助于产业的快速发展，还能够促进整个社会的共同进步。

这些策略相互关联、相互促进，共同构成了产业发展的强大动力。在未来的发展中，我们应该更加注重这些策略的实施和落地，推动“互联网 +”产业实现更加健康、可持续的发展。

七、我国档案利用理论的概念解析

（一）我国档案利用理论的内涵与外延

概念的内涵是指概念所反映的事物的本质属性。科学理论是主体对某种经验、现象、事实及其蕴含的规律所形成的相对正确的认识，是系统化的科学知识，是经过逻辑论证和实践检验并由一系列概念、判断和推理表达出来的知识体系。档案利用理论同其他档案学理论一样，是由概念、原理组成的体系，是对档案利用实践形成的系统化认识，即对档案利用工作本质及其规律性的正确反映。档案利用是指从事档案利用实践活动的档案行政管理者、档案管理者等根据档案用户的利用需求，依托音视频、通信网络、计算机等技术实现档案信息价值转化，提升档案利用工作水平，通过对档案信息资源这一本体的检索、查询，获取相关信息内容，进行阅读、研究、应用和反馈的动态过程。因此，所谓档案利用理论是，在检索、查询，获取、阅读、研究、应用和反馈档案信息资源的这一动态过程中产生的，能够揭示档案利用工作本质及其规律，并经过档案利用实践检验和证明的理性认识，其研究任务是全面探究我国档案利用实践的本质，总结档案利用实践蕴含的规律，形成关于我国档案利用实践的科学理论、原则、技术和方法，指导我国档案利用工作，更好地为档案用户开展档案利用服务。

概念的外延是指具有概念所反映的特有属性的对象，即概念的适用范围。档案利用理论的外延较为宽泛，明确档案利用理论的外延能够帮助我们更清楚地认识档案利用理论。不同学者对档案利用理论的外延划分有不同的观点。宗培岭提出“档案服务观”“档案历史文化观”与“档案研究观”是我国档案利用理论的突出特色。西木认为档案利用理论包括档案利用服务特点研究、档案利用服务意识研究、档案利用方式方法及其体系研究、影响档案利用服务的因素研究、档案利用服务的宣传研究、档案利用服务的组织管理及其测评研究、介绍国外档案利用服务并进行比较研究等等。李文彬则认为档案利用理论包括档案利用的含义研究、基本矛盾研究、档案利用基本原则和指导思想研究、档案利用工作主要内容研究等等。档案利用约束、档案利用思想、档案利用手段、档案利用范围、档案利用客体是马仁杰归纳的新世纪以来我国档案学界关于档案利用理论研究的五大热点。上述内容都属于我国档案利用理论的外延。

从档案利用理论的性质来看，档案界关于档案利用理论的归属也出现过争论。张新航提出：“我国档案利用理论是档案学应用理论的重要内容，也是构成档案学基础理论的主要部分”。朱玉媛则认为档案开发利用理论属于典型的应用理论范畴。宗培岭在《档案学理论与理论研究批评》一文中也将档案利用理论划分到档案应用理论之中。档案利用理论具有很强的实践针对性和现实应用性，它一方面发端于我国档案利用实践的直接经验和间接经验，另一方面是从职业技能训练中发展而来的，能够为我国档案事业建设提供具体的理论支持与指导，它是对档案利用实践的科学抽象，更是对档案利用工作规律的揭示。档案利用理论属于档案应用理论更为准确，而且我国档案利用理论具有纯粹的实践性，并不像“全宗理论”具备应用理论和基础理论的双重属性。

（二）我国档案利用理论的构成要素

“互联网 +”时代，我国档案利用理论的构成要素发生了变化，为了对其有更清晰的整体认识，我们需要重新审视我国档案利用理论的要素构成，具体如下：

1. 主体要素

主体是从事社会实践活动的人，而档案利用理论的主体要素就是指开展档案利用理论研究的人，这一要素回答了“谁来研究档案利用理论”“谁来对档案利用实践进行抽象概括”的问题。主体要素是中国档案利用理论研究的支柱，也是决定档案利用理论发展水平的关键力量。

从主体要素层次性来看，借鉴潘连根关于档案学研究主体的论述，将档案利用理论主体要素分为个体主体和集团主体。就个体主体而言，即开展档案利用理论与实践研究的个体，其中的代表人物如吴宝康、曾三、裴桐、刘国能、马仁杰、金波等。就集团主体而言，这是一个拥有某种研究范式的学术团体。群体主体也可以称为学术共同体，库恩在其所著的《科学革命的结构》一书给予了“范式”这一概念全新的含义，该书认为学术共同体是由同一个科学专业领域的工作者组成的，他们的思维方式、教育背景、所受训练具有相通性，而且他们具有共同的学科观和方法论观念以及共同的档案学研究方向和领域。

从主体要素分布状况来看，档案利用理论主体要素主要包括两类人：一类是偏理论型的高校档案学专业的师生，具有扎实的专业知识基础，理论功底深厚，整体文化素养较高；一类是处于一线档案工作岗位上的档案工作人员，偏实践型，具有丰富的一线工作经验，所提出的对策具有较强的针对性和指导性。理论型主体和实践型主体并不是真正的泾渭分明，而是存在一定的交叉领域。

2. 本体要素

“本体是共享概念模型的明确的形式化规范说明”是德国学者 Studer 等人在 1998 年提出的学术哲学观点。档案利用理论作为一门独立的理论体系，拥有特有的研究对象，而对研究对象进行深刻认识和理解也避不开本体和本体论。档案利用理论的本体要素，即档案利用理论研究本体所要认识的对象，本体要素回答了“档案利用工作实践指向谁”“档案利用理论研究什么”的问题。剖析档案利用理论研究的本体要素，必须厘清谁是档案利用理论研究的直接关联者，谁又在档案利用理论研究中受到关注。从纵向维度即时间维度来看，档案利用理论的研究本体是由不同历史阶段我国档案利用现象及其本质和规律构成的。我国在从奴隶社会向封建社会转变，再向社会主义社会转型的历史过程中，生产关系与生产方式的变革对我国档案利用实践形成冲击，我国档案利用理论也在不断与时俱进；从横向维度即空间维度看，其研究本体是由我国不同区域的档案利用实践及其抽象认识构成的。不同地区的自然环境、社会状况、经济水平不同，生产方式和生活方式也不同，这必然导致各地形成具有鲜明特色的档案利用理论与档案利用实践。

3. 环境要素

环境因素始终处于复杂而深刻的变化之中，对我国档案利用理论研究存在重要影响。政治环境、经济环境，文化环境以及技术环境是我国档案利用理论环境要素的核心内容，这一要素回答了“档案利用理论研究所处的外部世界和客观社会条件是什么，是否有利于其发展”的问题。政治环境是以意识形态、法律法规、方针政策等形式表现出来的社会政治格局与国家权力结构，对我国档案利用理论的形成、发展、演化和变革产生巨大的影响。经济基础决定上层建筑，社会实践表明，如果没有良好的社会经济条件，我国档案利用工作水平就无法提升，档案利用理论研究自然也会停滞不前。在不同的历史阶段，由于受该时期文化氛围与历史阶段特征地影响，我国档案利用理论研究内容、研究环境、研究过程和研究方法也都会呈现出不同的特征。信息技术范式对社会场景、经验、权力的格局与规则产生了革命性的影响，社会的结构形态及人类生存方式将进一步发生急剧而本质性的变化。在每一次重大的技术革命浪潮中，我国档案利用理论始终表现出一种横向和纵向协同向前发展的特征。

（三）我国档案利用理论与其他档案学理论的关系

作为我国档案学理论体系的重要组成部分，我国档案利用理论与该体系中的其他理论，尤其是与档案学的基础理论和应用理论有着密不可分的关系。

首先是档案利用理论与我国档案学基础理论的关系。一方面，档案学基础理论主要解决档案“是什么”的问题，档案学应用理论主要解决档案“怎么办”的问题，二者的关系就像地基结构与建筑物的关系，档案学基础理论是我国档案学应用理论大厦的地基结构。只有当该地基结构强度够大和稳定性够高，才能确保我国档案学应用理论这座大厦整体不发生太大的动摇，确保我国档案利用理论的发展方向不会发生偏移。只有平衡好档案学基础理论研究与档案利用理论研究之间的关系，才能提高我国档案利用工作的效率和质量，推动我国档案利用理论实现突破性发展。另一方面，只有弄清楚档案“是什么”，才能解决档案“如何用”的问题。档案学基础理论对档案利用工作实践和其他档案学分支学科的发展起到根本性、深层次的指导作用，因此，档案学基础理论属于指导者，档案利用理论属于档案学应用理论，是被指导者，两者具有指导与被指导的关系。

其次是档案利用理论与我国档案应用理论中其他理论的关系。从档案管理程序的角度来分，档案学应用理论可以分为档案收集理论、档案整理理论、档案分类理论、档案鉴定理论、档案保护理论、档案文件编纂理论、档案开发利用理论等。一方面，上述理论的研究侧重点有所不同，是对档案管理过程不同环节的深度研究；另一方面，档案收集理论、档案整理理论、档案鉴定理论等诸多理论的最终目的和环节都是指向档案利用理论，他们之间具有严格的序列关系，其发生顺序不可置换。从整体上看，档案收集理论、档案整理理论、档案鉴定理论、档案利用理论等相互支撑，相互联系，共同推动我国档案应用理论的良性发展。

八、“互联网 +”时代我国档案利用理论取得的新进展

（一）国家社科基金立项增加

国家社科基金资助项目代表着我国哲学社会科学研究的权威水平，严格的评审程序和权威的鉴定结果使得所立项目的研究成果具有显著的学术导向性和权威

性。档案利用工作理论与实践一直是我国档案界长期关注的重点。国家社科基金项目中关于我国档案利用理论与实践研究取得的新进展如下：

首先，在“互联网 +”时代，我国档案利用理论研究的国家社科基金立项总数逐年增加，重大项目和重点项目也都有所突破，取得了一批较高质量的研究成果。如 2015 年立项的《当代中国档案利用理论与实践研究》，此项目已经结项。该项目在总结我国档案利用实践的基础上专注于建党百年以来我国档案利用理论与实践的综合研究，研究内容更具宏观性和理论深度。

其次，已立项的国家社科基金项目中从 2005 年起开始关注档案利用者（档案用户），比如 2005 年立项的《社会转型期档案信息化与档案信息伦理建设研究》、2013 年立项的《我国普通公众档案利用行为研究》和 2018 年立项的《“互联网 +”时代的档案潜在用户研究》。

再次，关于档案利用法律法规、政策制度等方面的立项项目增加明显。2008 年立项的《档案所有权理论与实践研究》及 2011 年立项的《以责任为导向的档案开放利用政策评价与设计研究》对关于我国档案利用工作的法律法规、国家政策进行研究。

最后，关于“互联网 +”、大数据背景下档案信息服务方面的立项越来越多，主要涉及“互联网 +”、大数据环境下的档案利用创新模式、档案利用客体、档案利用主体、档案利用服务质量等方面。2016 年立项的《“互联网 +”环境下档案信息服务研究》、2017 年立项的《“互联网 + 档案”新业态研究》等项目是依托“互联网 +”思维对我国档案利用理论与实践进行研究，积极探索我国档案知识发现与利用服务。

（二）代表性学术论文枚举

从学术论文来说，我们在上文中已经详细介绍了关于我国档案利用方面的学术成果的总体概况，在这一节，我们主要选取最具有代表性的几篇学术论文进行单独讨论。

2011 年马仁杰教授发表的《社会转型期档案信息化与档案信息伦理建设研究》一文，在全国档案学界首次提出“档案信息伦理”这一概念，并针对我国社会转型期档案信息化与档案信息伦理建设过程中所出现的问题，从多方面为我国社会转型期档案信息化与档案信息伦理建设提供理论支持和政策建议，还与同时期欧美国家档案利用理论进行比较，开创了我国档案利用理论发展史研究的先河，为我国档案利用理论研究做出了突出的贡献。此后，马仁杰教授先后发表了《论新世纪以来我国档案利用理论的发展——基于国家社科基金项目的统计分析》《新世纪以来我国档案用户研究综述》《“互联网 +” 时代我国档案利用的特点》《关于区块链技术应用于我国档案利用工作的若干问题》等学术论文，全面梳理了我国档案利用理论与实践的发展脉络并对其发展趋势做出准确预测，有效推动了我国档案利用理论的发展。

除马仁杰教授的研究成果外，我国档案学界也有其他学者提出了具有重要历史意义的学术成果。2014 年，杨来青等人发表的《档案馆未来发展的新前景：智慧档案馆》一文，首创我国智慧档案馆研究的先河，推动了我国利用实践进入智能化阶段。黄霄羽提出的“商业性文件中心的运营模式”以及王成琴、严君在《建立国家档案在线联合目录的构想》一文中基于广域网和同盟档案馆馆藏目录数据库构想出“国家档案在线联合目录”，能够整合全国档案信息资源，这是非常具有政策指导意义的研究成果。

（三）一批学术专著相继问世

关于档案信息资源的开发利用研究一直是我国档案界关注的重点和热点。近年来，一批关于档案利用理论研究方面的学术专著相继问世，从不同角度对我国档案利用理论展开深度研究。

从理论研究的宏观视角来说，2021 年 1 月出版的《当代中国档案利用理论与实践研究》不仅从宏观视角对我国档案利用理论发展脉络进行梳理与剖析，更对当代中国档案利用实践进行抽象与升华。

从档案利用业务环节来说，2010 年 3 月，中国人民大学出版社出版的刘耿生教授编著的《档案开发与利用教程（第 2 版）》一书分为档案开发利用的客体篇、档案开发利用的主体篇、档案开发利用途径与方法篇以及档案开发利用篇，对我国档案开发利用工作的现状展开了全面探究，并在此基础上科学预测了其发展趋势。

就档案利用权利而言，王改娇编写的《公民利用档案权利研究》结合国内外实践，论述了公民利用档案权利的来源、权利制度的完善及救济制度，权利实现的文化氛围等，连志英编著的《公民获取政府电子文件信息权利保障研究》则认为应当将公民获取政府电子文件信息权利从应有权利上升为法定权利。

从大数据背景来说，王敏超编写的《大数据时代档案文化资源的开发利用》和卢森林、吴丽华所著的《基于网络环境下馆藏档案数字化、编研与利用研究》从依托大数据环境，针对档案信息资源开发利用的相关问题做了深入的剖析，力求构建新技术环境下的档案信息资源开发利用新策略。

就档案利用对象而言，孙爱萍独著的《非国有档案信息资源管理》《北京档案信息资源管理理论与实践新探》和周耀林所著的《面向公众需求的档案资源建设与服务研究》则是以独特的研究角度为切入点，对我国档案信息资源这一研究的开发利用进行深度探讨。

综上所述，“互联网 +”时代，大数据、云计算、物联网等信息技术迅速发展，社会生产方式和生活方式剧烈变革，这些都为我国档案利用理论与实践的创新机制带来绝佳契机，形成具有中国特色、中国风格、中国气派的档案利用理论体系。

第三章

基于“互联网 +”思维的智慧档案建设

第一节 “互联网 +”时代对档案工作的挑战

一、“互联网 +”时代档案业务流程重组面临的挑战

（一）“互联网 +”时代对传统档案业务流程的挑战

1. 组织结构的不适应性

（1）职能型组织结构与精简化流程不适应

传统业务流程针对手工作业阶段设计，以档案实体管理为主要任务，主要包括收集、整理、鉴定、保管、编目与检索、编辑与研究、统计、利用八大环节，这些环节的划分使档案工作技术化、概念化，明晰了档案人员的工作阶段和职责。传统的职能型档案组织结构强调职能分工，将这八大环节按照收集、管理、利用三大职能主线设置了不同的档案部门和支撑服务机构。在“互联网 +”时代，档案工作产生了新的业态，档案业务流程顺应时代要求进行变革，对高度关联的业务环节进行合并，优化整合后的业务流程更加精简紧凑，而职能型档案组织结构协调联动困难，与新的档案业务流程不相适应，无法有效支持新的档案业务流程。

（2）直线型组织结构与多向交互流程不适应

在直线型档案组织结构下，档案业务流程的八大环节围绕档案生命周期，从其形成、收集、整理、鉴定、编研、利用到销毁或永久保存，形成单向线性管理方式。档案信息资源的利用环节作为单向线性流程中的最后一环，只有在档案的基础性工作全部结束后才能进行，档案从开始收集到最终利用周期过长，影响了档案价值的及早实现，不利于档案信息资源的及时共享。而在“互联网 +”时代，档案业务流程由单向线性管理流程向多向交互流程转变，更加注重与档案用户的互动，直线型档案组织结构因难以适应能动灵活的多向交互流程，十分不利于档案部门之间、档案部门与用户之间的有效沟通，不利于提高组织效能。

2. 管理思想的不适应性

长期以来，档案部门处于等级划分严格的金字塔式的科层制组织结构下，形成了固定的管理者思维，将档案实体管理作为主要职责。档案部门在管理者思想

的制约下，重藏轻用，不注重用户的实际需求，仅在传统档案业务流程的驱使下提供被动服务。而“互联网+”时代，是信息共享的时代，“互联网+档案”需要遵循开放共享的原则，通过档案业务流程重组，以馆藏档案为基础进行信息资源建设，提供更加高效便捷的档案利用服务，但档案部门的管理者思想与“互联网+档案”所要求的服务者思想不相适应，不利于传统档案业务流程的转换升级。

3. 工作标准的不适应性

（1）多层次数据格式标准与统一性标准要求不适应

档案工作标准和档案制度相辅相成，在微观和宏观上共同引导档案工作的顺利开展。随着档案工作环境的变化，档案工作标准也随之产生新的要求和变化。标准化工作是推进档案信息化、实现档案现代化管理的重要前提和基础，目前我国档案工作标准建设还不完善，各级档案部门工作标准建设各自为政，标准化活动的实施面临很多问题，难以适应“互联网+”与档案事业深度融合的需要。“互联网+”时代，档案信息化是新的常态，统一的档案数据格式是实施“互联网+档案”的先决条件，也是实现档案数据资源高度共享的前提，但因缺少通用的档案数据格式标准，使得各档案部门标准不一，形成信息孤岛。

（2）多样化档案管理系统标准与统一性标准要求不适应

随着计算机技术的推广普及，在办公自动化阶段，许多档案机构都引进了数字化的档案信息管理系统。目前，市场上应用较为广泛的档案信息管理系统有南大之星、清华紫光、维克、易度等产品，档案管理软件种类繁多。这些档案信息管理系统由不同的公司研发，版本各不相同，系统功能模块不一，具体操作流程具有差异性。由于档案信息管理系统统一设计标准的缺失，各档案信息管理系统的开发设计缺乏标准依据，导致各档案信息管理系统独立性强，系统与系统之间数据流通困难，不利于“互联网+”时代档案工作的开展和档案信息资源的共建共享。

4. 人员素养的不适应性

“互联网+”时代产生了新的档案业态，业务流程重组后，也对档案人员提出了新的要求，档案人员需要扮演新的角色，承担新的职责。“互联网+档案”时代，发达的现代信息技术是档案工作的重要手段，进行档案业务流程重组也需要依托先进的科学技术。“互联网+档案”新业态下，档案人员除了具备丰富的理论知识，还应当具备相应的技术实践能力。然而，现在许多档案部门仍旧停留在传统的档案业务流程阶段，档案人员对办公软件和档案信息管理系统的使用仅限于基本业务操作，不具备软件系统日常维护和应急处理的能力，缺乏实际的计算机技术应用能力，与“互联网 + 档案”新业态所提出的要求不相适应。

（二）“互联网 +”时代档案业务流程重组策略

1. 变革组织结构，提高档案工作效率

首先，从职能型组织结构向流程型组织结构的转变。传统的职能型档案组织结构往往以部门职能为划分依据，这在一定程度上限制了档案部门及档案人员的创新能力和工作动力。同时，职能型结构也容易导致部门间的沟通障碍，影响工作效率。为了打破这一困境，我们需要将职能型组织结构转变为流程型组织结构。流程型组织结构的核心是以业务流程为导向，以“互联网 + 档案”为基础，优化和重组档案工作的各个环节。这要求我们取消或合并一些旧有的组织机构，如成立专门的资源建设部门，负责档案收集、整理、鉴定等基础工作。同时，也要增加新的组织机构，如用户服务中心，专注于提供高质量的档案服务，满足用户的需求。

流程型组织结构注重业务流程的连续性和完整性，通过精简结构、强化部门间的协调联动，使档案工作更加高效、有序。这种变革有利于档案工作效率的显著提升，同时也为档案工作的未来发展奠定了基础。

其次，从直线型组织结构向智慧型组织结构的转变。在“互联网 +”时代，档案业务流程已经从单向线性流程转变为多向交互流程。为了适应这一变化，我们需要将直线型组织结构转变为智慧型组织结构。智慧型组织结构强调沟通机制的顺畅和组织形态的灵活。它引入了用户需求反馈机制，使档案部门能够及时接收用户的反馈信息，了解用户需求的变化趋势。这样，档案部门就可以根据用户需求，有针对性地整合档案信息资源，进行档案编研工作，提供更加精准、个性化的服务。与此同时，智慧型组织结构还注重引入先进技术手段如大数据和人工智能等，来提高档案工作的智能化水平。这些技术手段可以帮助我们更好地分析用户需求、优化业务流程、提高工作效率。

总之，从职能型向流程型、从直线型向智慧型的组织结构变革，是档案工作适应信息化时代发展的必然选择。这种变革将有助于提高档案工作的效率和质量，满足用户日益增长的需求，推动档案事业的持续发展。

2. 转变思维方式，提供高品质档案服务

首先，以用户需求为核心，强化主动服务意识。传统的档案管理往往过于注重档案的实体保存和安全性，而在服务用户方面则显得相对被动。为了提供更优质的服务，我们必须转变思维方式，以用户需求为核心，从被动服务转向主动服务。

这意味着档案人员应主动了解用户的需求，既要通过用户检索记录分析、需求调查等方式进行动态需求分析，还要积极预测用户可能的需求，从而提前准备并提供相应的档案信息和产品。通过这种转变，我们可以展现出更加积极的工作态度，为用户提供更加及时、有效的服务。

其次，创新服务内容，推出优质档案产品。在“互联网 +”的时代背景下，创新是驱动发展的核心动力。档案服务也不例外，我们需要通过服务创新来推出更多优质档案产品。具体而言，档案部门可以深入挖掘档案大数据的价值，对档案进行深加工，优化档案生产力。例如，针对民生档案这一与人民群众生活密切相关的领域，我们可以推出更多与医疗、住房、就业、教育、环境、健康、食品安全等相关的档案产品，以满足用户的实际需求。通过创新服务内容，我们可以提供更加有用、参考性强的档案产品，增强用户的满意度。

最后，简化流程，降低档案利用成本。在过去，用户在利用档案时往往需要经历繁琐的手续和流程，这不仅增加了用户的负担，也降低了档案服务的效率。为了改善这一状况，我们需要对档案服务流程进行简化，降低用户的档案利用成本。具体而言，档案系统应致力于优化档案公共服务流程，减少不必要的环节和证明要求，提高服务效率。同时，档案部门还应开放档案存取，扩大馆藏档案的开放数量，并通过档案借阅、档案展览、档案网站以及微信、微博等网络平台多渠道公开档案，方便用户获取和利用档案。通过这些措施，我们可以降低用户的档案利用成本，提高档案服务的便捷性和普及度。

3. 完善工作标准，促进档案信息共享

首先，统一数据格式，推动档案数据资源流通。档案工作标准是档案工作得以顺利进行的重要依据和保障，有关档案部门应当对档案标准进行完善，解决档案标准制定相对滞后于科技发展水平、标准动态维护相对过长、标准制定的系统性相对欠缺的问题，实现档案数据格式统一，推动“互联网 + 档案”转换升级。在“互联网 + 档案”时代，档案的工作范围和利用范围突破地域限制，档案数据格式标准必须是全国范围内能够通用的格式标准，否则将造成档案数据流通困难、管理混乱、利用不便的局面。

其次，完善档案管理系统标准，保障信息资源及时共享。由于在进行系统研发时缺少档案信息管理系统设计标准的指导，导致现有系统存在独立性强、模块功能不完善、数据处理能力不够强大等问题，档案信息管理系统作为“互联网 +”时代档案工作的重要工具和手段，急需一套系统设计标准来解决当前使用中存在的这些问题。有关档案部门应当根据“互联网 + 档案”新业态，充分考虑档案工作新的时代特征，全面分析系统业务需求和系统功能需求，以新的档案业务流程为基础设计一套应用范围广、功能完善、适应性强的档案信息管理系统标准。

4. 提升人员素养，培养跨界融合型人才

在快速变化的信息化时代，档案人员的素养和能力对于档案部门的运营和发展有着举足轻重的地位。为了适应“互联网 + 档案”的时代需求，档案人员必须不断提升自身知识水平，跨界融合各种能力，以更好地履行本职工作，满足用户日益增长的需求。

首先，信息技术能力已成为档案人员不可或缺的基础性能力。现代信息技术在档案工作中的应用日益广泛，无论是档案的数字化处理、存储、检索，还是档案信息的网络化传播和服务，都离不开信息技术的支持。因此，档案部门需要组织在职档案工作人员进行系统的信息技术学习，包括计算机基础知识、网络技术、数据库技术、信息安全等方面的内容。

在技术培训方面，应注重理论与实践相结合。通过案例分析、实际操作等方式，使档案人员能够深入了解并熟练掌握各种档案办公软件和档案管理系统的使用方法。同时，还应注重培养档案人员的实际操作能力，使他们能够在实际工作中灵活运用所学知识，解决各种实际问题。

除了信息技术能力外，档案人员还应具备跨界融合的能力。在“互联网 + 档案”的背景下，档案工作已经不再是单纯的实体管理，而是涉及了信息技术、数据科学、管理学等多个领域。因此，档案人员需要具备跨学科的知识背景和综合能力，能够将这些领域的知识和技能进行有机融合，为档案工作提供新的思路和方法。

为了培养跨界融合型档案人才，档案部门可以采取以下措施：一是加强与其他学科的合作与交流，鼓励档案人员参加跨学科的研究项目，拓宽视野和知识面；二是组织跨学科的培训和学习活动，提高档案人员的综合素质和创新能力；三是建立激励机制，鼓励档案人员不断学习和自我提升，形成一支具备跨界融合能力的高素质档案人才队伍。

总之，提升档案人员的素养和能力是适应“互联网 + 档案”时代需求的必然选择。档案部门应加强对档案人员的培训和教育，注重培养信息技术能力和跨界融合能力，建立一支高素质、专业化的档案人才队伍，为档案工作的持续发展提供有力保障。

二、“互联网+”档案新业态发展动力的新挑战

（一）档案形成生态优化的挑战

随着互联网技术的迅猛发展，档案部门在利用微信、微博、门户网站等平台对档案资源进行数字化升级的同时，也面临着档案形成生态的多重挑战。这些挑战主要源于生产者增多、生产频率加快、生产资源多元化和生产参与度加深等方面。

1. 生产主体自由化带来的挑战

在互联网的推动下，档案生产的主体逐渐从传统的专业档案工作者拓展到广泛的社会公众。理论上讲，每个人都有可能通过社交媒体等平台成为数据生产中心，参与档案的生产过程。这种生产主体的自由化给档案部门带来了挑战，要求档案部门以更加开放、共享的态度进行档案生产活动，确保档案资源的整合和挖掘能够保持档案产品的真实性和优质性，同时还需要关注档案内容的受众和传播效果。

2. 生产频率无序化带来的挑战

在互联网环境下，数据流通的分散化和社会化使得档案生产的频率大大加快，24 小时的档案更新成为常态。这要求档案部门在组织制度上进行调整，打破传统的周期性收集和管理模式，形成新的收集生产流程和管理鉴定机制。同时，面对高频度的档案生产，档案工作者需要具备更高的专业技能和工作效率，以对不断增加的工作压力和工作强度。

3. 生产资源多维化带来的挑战

互联网时代的档案生产资源不再局限于体制内部信息，而是扩展到了更广泛的社会领域。这要求档案部门在收集档案资源时，既要关注官方档案源的准确性和权威性，也要重视公众档案源的社会性和代表性。在利用公众档案资源时，档案部门需要面对公众去“专业化”参与带来的挑战，如档案分类、保管和鉴定等业务的复杂性和难度增加，以及公众情感对档案真实性的影响等。

4. 生产深度社会化带来的挑战

在互联网时代，公众不仅参与档案的生产过程，还扮演着开发者、利用者等多重角色。这种生产深度社会化给档案工作带来了多重挑战。首先，公众广泛参与导致档案数据类别增多，给档案分类、保管和鉴定等业务带来了更大的工作量。其次，公众档案往往带有个人情感色彩，可能影响档案来源的真实性。再次，公众对档案生产的参与可能导致档案工作者的自我认同感降低。最后，在互联网生产模式下，传统档案工作技能可能被边缘化，技术变革也给档案工作者带来了更

多的挑战。面对这些挑战，档案部门需要积极应对，加强与社会公众的沟通和合作，共同推动档案事业的健康发展。

（二）档案用户需求改变的挑战

档案事业的发展不是孤立存在的，它受社会政治、经济文化等多个方面因素的制约，这些因素构成了我国档案事业的生存环境。由于处在表层的用户需求本身所具有的个体多样性、时间可变性以及文化依赖性，它所表现出来的纷繁变化容易令人迷失其中。倘若我们能抽丝剥茧、鞭辟入里，从更深层次上去把握内在的人性与动机，也许会更容易触到用户需求的本质。正如丁海斌所说：“人的主观能动性不仅在档案创价过程中起着本源性的作用，而且在价值关系层面上，亦具有决定性作用。”

1. 需求互动性

信息技术进步、档案网站建设、档案云平台搭建等提供了海量的数字化档案信息资源，极大地满足了档案用户需求。但是互联网发展带来的各种档案线上服务方式杂乱无章，提供的各种档案资源的数量有限，大多数档案用户对新兴利用方式无所适从，使得档案用户需求受到严重的影响，他们渴望在获取档案的同时能够得到档案工作人员的专业指导，从而便捷地获取所需档案。

2. 需求隐私性

档案作为一种重要的信息资源，其中包含一定量的隐私信息或有关个人隐私的内容。信息技术带来便捷高效的同时，也伴随着透露隐私的可能性，存在档案信息安全隐患。档案用户在利用档案时都希望自身的档案信息是安全的，个人隐私能够得到足够的保障，避免档案隐私泄露带来工作或学习上的一系列困扰。当然，档案隐私的泄露并非出于档案工作者的本意，但这不能作为忽视隐私问题的借口，这不仅仅是对档案用户的保护，更需要引起档案部门足够重视，加强完善网络数据共享、利用等安全管理和技术措施。

3. 需求差异性

随着档案用户的信息素质逐步提高以及信息技术的飞跃发展，越来越多的档案用户对档案形式的需求不仅仅是纸质档案，还包括图片、音频、电子文件等；对档案内容的需求也不再局限于政府文件解读和机关工作考察，而是广泛涉及政治、经济、文化、交通、天气等各个方面，学术利用需求、实际利用需求和普遍利用需求的差异化逐渐明显。当前，我国档案数据库建设还不够完善，档案形式和内容分离的检索方式略显复杂，因而在档案查询提供时存在一定的局限性。

4. 需求精准性

现代生活节奏日益加快，档案需求者查找档案信息都希望能以最短的时间、最简便的流程得到所需资料。但从实际来看，我国的档案机构仍处于机构庞大、工作效率低下的状况。一方面，各档案机构分散保存档案，难以达到集约化、规模化的管理要求，造成了档案信息资源杂乱分散，影响了档案数据的一致性和准确性；另一方面，随着互联网技术的高速发展，档案信息资源呈现来源广泛、数量剧增、种类和内容多样化的特点。而各档案机构各自为政的局面，使得部分档案信息多次采集、重复输入，无法将分散的、独立的档案信息整合成一个互联互通、业务协同、信息共享的大系统，造成了档案用户获取准确信息难的问题。

（三）档案价值互联的挑战

连接是互联网最基本的功能，价值是档案最本质的属性。以互联网为载体，不同的档案之间可以进行价值赋权、价值重组以及价值共享，这样档案价值之间能够相互作用、相互影响，承载越来越多的功能。

1. 档案价值赋权

对于一份档案而言，每个用户对其利用的目的都不尽相同。而每个用户不同的利用目的、利用需求和自身知识结构的差异，也将赋予同一份档案不同的使用价值。例如，一个城市的文化经济档案，企业可以用它来判断投资方式，政府可以用它来规划城市建设。用户需求的多样性会与档案客体之间构成多种多样的档案价值关系网，极大地提高了档案价值，扩大了档案的辐射范围。

2. 档案价值重组

在传统的档案管理中，档案工作者都是按照档案来源原则对档案进行严格的分类整理，这使得部分具有价值联系的档案被归入不同的档案卷宗中，降低了档案的实际价值。在网络环境中，档案不再是实体保存，而是通过档案平台进行统一输入，只要具有一点联系的档案都能通过网络检索出来，重新组合成一个档案个体。这样做加强了档案之间的逻辑联系，促使原本无法实现的档案潜在价值向现实价值的转变，涌现出新的档案功能及价值属性。例如，针对地理档案和天气档案等档案之间的结合，可以推出地图导航 APP、环境监测报告和梳理文化脉络等一系列优质内容产品，使档案迸发更深层次的功能。因此，档案部门应使用互联网技术对所有档案信息进行科学整理，从而找到档案价值重组的规律，把握档案未来发展的趋势。

3. 档案价值共享

由于档案的数据化和互联网化，档案价值呈现复杂性的特点，档案工作面临极大的挑战。首先，用户对档案信息的需求不再是简单化，有些特殊用户更趋向于综合联系性强、加工程度高、信息密度集中的档案。档案工作者需要将各种档案信息与外部环境结合起来提供利用，进行网络化、精准化、知识化的个性定制。其次，在互联网的视角下，档案不再是一个样本而变成了一个全体，档案工作者应该以互联网思维重塑档案工作的制度和流程，拓展档案的深度和广度。同时，档案工作者要加强与各类人员的协调同步，与信息技术人员合作解决档案信息资源数字化技术难题，与档案法律人员共同研究档案数据开发的合法安全问题。最后，档案工作者也需要提升自身的业务水平，对档案进行科学分类，对档案价值进行准确的鉴定，促进档案价值的优化更新。因此，档案部门应该审时度势，更多地从“档案关系网”这个维度去研究档案价值，更加准确地认识到“互联网 +”时代档案价值的内涵，促使档案工作朝开放化、多元化、社会化的方向发展。

（四）档案认知升华的挑战

“互联网 +”时代，广大用户通过网络平台接触了海量的档案信息资源，但这些档案信息资源基本上都是一些初级、浅显的简单信息，缺乏深度的加工合成，使得档案用户对档案价值甄别和档案真实性判断的难度增加，也造成了对档案内涵认知的障碍。

1. 解读档案内涵

马克思曾指出：“需要的形成是由于人类社会中生产需要的对象，而因此也就生产需要本身。”用户对档案的需要往往来源于自身生存、发展的需要，和用户本身没有太多关系的档案信息,用户很难产生兴趣。有些档案与用户的利益息息相关，但由于用户不具备专业的档案知识，错过了使用该档案的最佳时机。例如，为推进新型城镇化，近年来各级政府采取诸多举措改善农民工待遇，涉及公共服务、社会保险等许多方面，近期已触及户籍制度，然而，人们忽略了这个重大社会进程中档案参与的必要与可能。类似这种档案就需要档案工作人员的解读，使用户了解到身份认同的档案与个人生活密切相关。

2. 剖析档案真相

在互联网时代，档案价值的蝴蝶效应越来越明显，档案用户已经不满足于一次档案信息的利用，他们越来越多地需要档案部门提供经过深度开发的档案信息。因此，档案工作人员有义务运用专业思维去抽丝剥茧、鞭辟入里地剖析档案真相，提高用户对档案的深度认知。从时间来看，档案剖析就是用历史解释现实，揭示档案来源的真相，找出事物之间的联系并预示未来的走向；从空间来看，档案剖析可以阐释国外变化对中国的影响，全国变化对地方区域的影响，解读宏观层面的政策给微观层面的发展带来的影响。

3. 树立档案权威

互联网降低了公众自由发表意见的门槛，档案信息资源免不了出现鱼目混珠、真假莫辨的情况，导致部分用户对档案凭证价值心存怀疑，阻碍了档案工作的开展。因此，档案工作流程必须遵守严格的核查、校对等制度，档案信息资源的公布要设立一套专业的规范。档案工作人员要具备深度思考、理性判断、真实调查的专业思维，使得档案管理工作既不受个人因素控制，也不依附于市场经济，而是客观中立地服务于用户利益。

（五）档案工作思维变革的挑战

“互联网 +”思维具有跨界融合、创新驱动、重塑结构、尊重人性、开放生态和连接一切等六大特征，与科学发展观以人为本、全面发展、协调发展、可持续发展等内容在理念上有着深刻的关联。“互联网 + 档案”新业态理应在思维理念上适应这一挑战。

1. 以人为本与尊重人性

以人为本是科学发展观的核心，与“互联网 +”思维强调的尊重人性一脉相承。两者都强调深度挖掘公众需求，循环优化公众体验，创新提升服务质量，这样的服务理念脱胎于互联网打造出来的信息透明时代。档案部门作为档案信息流的关键节点，单方控制大多数档案信息资源的垄断现状被打破，普通用户有权利、有路径通过各种网络渠道获取可公开的档案信息资源，他们的加入使得信息流网络出现无数中小型档案信息流通节点，通过档案信息的交换与获取，用户掌握了更多主动权和话语权，消除档案信息资源不对称成为用户参与档案信息资源的主要形式与最终目的。

2. 全面发展与开放生态

“互联网 +”思维主张建设开放生态，可以说是新时代背景下对全面发展观的创新性阐释。“互联网 + 档案”新业态除了通过 O2O（Online To Offline）模式打通线上与线下的壁垒外，还在尝试打通线上各个独立服务平台之间的围墙，通过云技术实现服务平台之间的虚拟联合，面向移动用户提供实时存取的云端档案产品和档案数据服务。基于公共信息服务的大环境分析，档案信息公共获取本身就体现了开放生态这一发展趋势，档案信息公共获取面向一般用户提供无障碍档案信息获取服务，档案部门需要积极参与到档案信息服务生态圈的构建中，从而提升档案信息运行效率，推动档案科研活动深入开展，辅助政府治安管理和满足用户日常生活需求。

3. 跨界融合与协调发展

随着公民权利意识和知识能力的日益增强，档案部门开放治理模式的深入推进，以及普通公众创新成本的逐渐降低，跨界融合已成为“互联网 + 档案”新业态实现颠覆式创新的重要途径。这一趋势不仅体现了科学发展观中协调发展的思想，更为档案事业的发展注入了新的活力。

在跨界融合的过程中，档案部门可以积极寻求与档案信息公开有直接利益关系的营利性或公益性社会组织进行合作。通过共享档案信息资源、利用市场竞争机制和社会集体智慧的优势互补，可以极大地提升档案部门的公共服务能力，推动档案部门治理模式的创新与发展。

同时，档案部门还可以利用“众包”和“众筹”的“双众”模式，广泛动员社会各界参与档案产品设计、服务创新以及产品宣传推广等环节。这种模式能够高效集成资金、劳动力、技术和数据等生产要素，有效弥补档案部门内部资源的不足，降低创新成本、风险和技术门槛，为档案事业的可持续发展提供有力支持。

4. 创新驱动与可持续发展

创新是推动社会进步的不竭动力,也是“互联网 + 档案”新业态的核心和关键。在“互联网 +”的时代背景下，数据、信息、知识和动态网络相互交织，为开放式创新提供了广阔的空间。

档案信息资源作为社会信息网络的重要组成部分，兼具权威性、公共性和社会性。为了充分发挥其价值，档案部门需要主动建立开放式创新系统，打破封闭式思想对档案信息开放力度的束缚，同时打破传统组织边界对档案信息资源聚合的限制。

通过开放式创新，档案部门可以更加精准地把握公众对档案信息的需求，提高档案信息供给与公众获取需求的匹配度。这不仅有助于提升档案部门的科学决策能力，还能为档案事业的可持续发展注入新的动力，推动档案事业不断向前发展。

三、未来档案工作的实施策略

（一）档案思维的重塑

英国学者 NoureddiNe Miladi 说：“只要拥有一台摄像机，并有能力使用互联网的个体都能在不同程度上参与到运动之中，并改变运动的进程，从此历史开始转向民间书写”。那就是互联网思维的核心“民众的力量”。美国国家档案馆通过贴标签、转录、编辑、上传和分享等模块鼓励民众参与档案工作，如在 Citizen Archivist 这个项目中，将大批量的图片档案上传到网络平台，允许并鼓励用户给图片贴标签，当图片的描述随着标签增加越来越详细，用户就很容易通过关键词搜索到。我们档案部门应该借鉴这类经验来引导并鼓励我国的档案利用者、爱好者们参与到档案的著录与编辑等活动，当上传者把信息上传到网页的同时，利用者就可以搜索到，档案收集与利用便实现了同步。如果利用者进行评论，也就参与了编目过程。当越来越多的观众加入这一过程，档案便不断被进行鉴定，搜索量和反馈率就是对档案价值自动地进行鉴定。这一过程的循环没有终结，当一份档案被需要时它就重新回到了文件的运动当中。如通过电子邮件、网页与公众进行互动；或是与媒体合作加大档案的宣传力度，组织开展一些吸引公众参与的活动，充分发挥民众力量、集体智慧，深度挖掘档案资源价值。

（二）档案信息资源的整合

在“统一领导、分级管理”这一基本原则的坚实指导下，我国各行业内部的档案信息资源已经初步实现了在特定范围内的整合。然而，这种整合主要聚焦于企业内部档案资源的汇集与整理，其方式较为传统，形式也较为单一，往往局限于传统的物理存储和简单的数据汇集。

随着信息技术的迅猛发展，特别是网络技术的广泛应用，档案信息资源整合的方式和范围都面临着前所未有的变革。网络环境下的档案信息资源整合，不仅仅是对现有档案资源的简单汇集，更是通过构建一个统一、高效的数据管理、交换与共享平台，对原本分散、异构的档案资源系统进行深度的优化组合和无缝连接。

这种整合不仅改变了传统的档案服务内部管理模式，更将其推向了更为广阔的互联网空间，使档案信息服务从封闭的内部环境走向开放的社会服务。原有的各自为政、信息孤岛的状态被打破，取而代之的是分布式的档案数据库式共享状态，档案信息资源的流通和利用效率得到了极大的提升。

同时，这种整合还推动了档案服务模式从静态向动态的转变。静态的网络服务模式往往只能提供有限的、固定的信息服务，而动态的网络服务模式则能够根据用户的需求和反馈，实时调整和优化服务内容及服务方式，提供更加个性化、多样化的信息服务。

综上所述，网络环境下的档案信息资源整合，是对传统档案资源整合方式的全面升级和深化，它不仅能够实现档案信息的最大化利用，还能够为社会民众提供更加便捷、高效、丰富的信息服务，是信息化时代档案事业发展的重要方向。

（三）参与式管理和个性化服务

早期参与式的管理模式多是采用意见反馈的方式，就是通过档案机构网站利用留言反馈、问卷调查、媒体留言、用户投票、发送邮件等形式采集用户体验和资源建设等方面的意见及建议，促进档案信息资源建设工作，此方式是公众参与档案工作最为普遍的一种模式。

交互式传播是“互联网 +”时代的特征，其充分运用大数据及云计算、智能移动终端、搜索引擎等获取用户信息，进行大数据的挖掘与管理。例如我们登录淘宝、京东等电子商务平台，可以发现首页就有我们感兴趣的商品，这就是他们结合用户行为、商品、用户数据实时预测用户对商品的偏好，让产品实现“千人千面”的商品展现逻辑，继而快速优化产品体验，提高用户活跃度及转化率。还有业内人士根据对支付宝、微信等采用的电影在线售票方式形成的动态数据信息进行实时监控、分析，从而调整各大影院的排片。档案领域拥有庞大的历史数据资源，档案网站不应只是一个展示窗口，而应该成为一个大数据平台，提供数据采集、分析、加工、应用、移动数据分析一站式的产品体验。

第二节　“互联网 +”时代档案的服务功能

一、“互联网 +”时代创新档案管理服务模式的必要性

（一）推动档案事业与时俱进，实现科学发展

在“互联网 +”时代背景下，创新档案管理服务模式成为推动档案事业与时俱进、实现科学发展的必然选择。随着信息技术的迅猛发展，传统的档案管理模式已难以满足现代社会对档案信息资源的多元化需求。构建档案服务社会的智慧平台，不仅有利于发挥档案的内在价值和本质功能，还能促进档案事业的现代化、智能化发展。通过创新档案管理服务模式，我们可以进一步提升档案管理的科学化、制度化、规范化、标准化水平，增强档案服务能力，深入挖掘档案价值，更好地对档案进行开发利用，从而推动档案事业持续健康发展。

（二）满足人民群众日益增长的信息需求，提升服务满意度

档案部门作为服务社会的重要窗口，其根本宗旨是为广大人民群众提供优质的服务。在“互联网 +”时代，人民群众对档案信息资源的需求日益多样化、个性化。为了满足这一需求，档案部门必须不断创新档案服务模式，丰富档案服务内容，拓展档案服务形式，通过充分运用互联网技术、大数据技术和多媒体技术等先进手段实现档案信息资源的互联互通和共建共享，并打破传统档案管理模式的时空限制，提供更加便捷、高效、精准的档案服务。这不仅能够满足人民群众日益增长的信息需求，还能提升他们对档案工作的满意度和信任度，为档案事业的可持续发展奠定坚实基础。

二、“互联网 +”时代档案信息服务的特点

（一）用户需求至上，倒逼档案管理变被动为主动

作为为社会提供公共服务的部门，档案管理始终以“收”“管”“用”为其最基本的业务工作。档案管理部门一般情况下均为“被动式”接受工作，缺乏主动担当作为。然而，随着互联网技术的应用与普及，档案管理部门也逐步树立了“以

人为本”“需求至上”的服务理念，“被动”工作也在逐步转变为“主动”工作。如今，档案管理部门已经开始利用微信、微博等网络渠道开展档案工作，并根据用户的需求对自身的发展进行调整，提高信息化、数字化建设能力。

（二）降低管理成本，促进档案管理效率提升

“互联网 +”时代所带来的网络技术能够进一步降低档案管理的成本，节约人力、物力、财力，带来管理效率的大幅提升。传统的档案管理中，人力成本较高，档案的立卷、归档、查阅等环节和步骤都需要人工逐一完成，耗费时间长。“互联网 +”时代档案管理领域也开始应用信息技术进行信息化建设，档案保存的完整性和准确性都有了保证。同时，档案查阅调用速度之快也是传统档案管理无法比拟的。

（三）向数字化转变，推动档案服务社会化

网络技术的诞生是科技进步及经济发展的产物，互联网技术与档案行业的深度融合已经成为档案社会化服务的基础条件。“互联网 +”时代档案服务功能的发挥具有数字多元性、交互性、裂变传递性等特征，在服务社会、服务大众的过程中，这种特性表达得更为显著。档案数字化建设应以发挥档案的服务功能为目标，以为社会大众提供更便捷的服务为宗旨。

三、“互联网 +”时代档案服务功能的实现路径

（一）增强服务意识，强化技术队伍建设

在“互联网 +”时代，档案服务功能的提升首先依赖于服务意识的增强。档案管理工作不仅仅是简单的资料收集和整理，更是对历史、文化和知识的传承与保护。因此，我们必须对档案管理人员进行持续的思想政治教育和专业能力建设，确保他们深刻理解并践行为人民服务的根本宗旨。

在思想政治教育方面，要引导档案管理人员树立正确的职业观和价值观，增强他们的责任感和使命感。通过组织学习党的路线方针政策、国家法律法规以及档案工作相关规章制度，使档案管理人员明确自己的职责和使命，切实履行好档案管理的职责和义务。

在专业能力建设方面，要注重提升档案管理人员的专业素养和业务能力。通过组织定期的业务培训、技能竞赛等活动，使档案管理人员掌握最新的档案管理理论和方法，熟悉档案管理软件和系统的操作，提高档案管理的科学化、规范化水平。

同时，要进一步强化档案管理队伍建设。在引人、用人方面，要更加注重档案学专业背景，选拔具备扎实专业知识和丰富实践经验的人才加入档案管理队伍。此外，还要关注信息技术能力在档案管理中的应用，积极引进和培养具备信息技术能力的人才，推动档案管理与信息技术的深度融合。

在队伍建设过程中，要突出技术在档案服务功能发挥过程中的作用。通过加强信息技术培训和应用，使档案管理人员能够熟练掌握各种档案管理软件和系统的操作，提高档案管理的自动化、智能化水平。同时，还要注重技术创新和研发，推动档案管理技术的不断升级和更新，为档案服务功能的提升提供有力支持。

总之，增强服务意识、强化技术队伍建设是提升档案服务功能的关键。只有不断增强档案管理人员的服务意识和专业能力，加强技术队伍建设，才能推动档案事业不断向前发展，为社会提供更加优质、高效的档案服务。

（二）加强互联共享，构建智慧化的档案服务平台

在“互联网 +”时代背景下，构建智慧化的档案服务平台是加强档案管理互联共享并实现网络化、智能化、信息化、数字化的重要举措。这一平台的建立将极大地提升档案管理的效率和服务质量，满足广大人民群众日益增长的信息需求。

首先，要实现数据信息的识别与甄别。借助大数据技术，我们可以对海量的档案数据进行深度分析，智能识别出符合存档条件的档案，并进行智能编码。这不仅减少了人工筛选的繁琐过程，还提高了档案信息的准确性和完整性。同时，平台还可以自动对档案进行排序管理，使档案信息的检索更加方便快捷。

其次，要进行档案信息的深度挖掘。智慧档案服务平台利用先进的数据挖掘和分析技术，可以对档案信息进行深度挖掘，发现档案之间的内在联系和潜在价值。这种深度挖掘不仅有助于我们更好地理解和利用档案信息，还可以为决策提供支持，促进档案资源的有效利用。

此外，智慧档案服务平台还应实现动态交互的智慧化服务。通过引入人工智能、云计算等先进技术，平台可以提供更加智能化、个性化的服务。例如，用户可以根据自己的需求定制档案查询服务，平台会根据用户的偏好和习惯推荐相关的档案信息。同时，平台还可以提供在线咨询、互动交流等功能，使用户能够随时随地获取所需的档案服务。

在构建智慧档案服务平台的过程中，我们还应注重满足广大人民群众的需求。平台的设计和功能应贴近用户的实际需求，提供便捷、高效、准确的档案服务。同时，我们还要促进档案资源在行业内、领域内或区域内的互联互通，打破信息

孤岛，实现档案资源的共建共享。这不仅可以提高档案资源的利用效率，还可以促进档案事业的发展和创新。

最后，我们必须确保档案资源的存储和调阅均符合国家法律法规。在构建智慧档案服务平台的过程中，我们要严格遵守相关法律法规和政策要求，确保档案信息的合法性和安全性。同时，我们还要建立完善的档案管理制度和保密制度，防止档案信息的泄露和滥用。

总之，构建智慧化的档案服务平台是提升档案管理水平、满足人民群众需求的重要举措。我们要充分利用“互联网 +”时代的技术优势和创新理念，推动档案事业的持续发展和创新。

（三）满足用户需求，设计个性化档案移动服务模式

中国互联网络信息中心（CNNIC）在京发布第 53 次《中国互联网络发展状况统计报告》（以下简称《报告》）。《报告》显示，截至 2023 年 12 月，我国网民规模达 10.92 亿人，较 2022 年 12 月新增网民 2480 万人，互联网普及率达 77.5%。可见，档案移动服务已成为移动互联网时代档案服务发展的新形态，而智能手机、iPad 等便携式终端设备已经成为档案信息查询流通过程的主力介质。为了能够更好地满足用户的需求，档案管理部门可以根据自身情况设计建立个性化的档案移动服务模式。首先，要对用户的需求进行深入的分析研究，通过开展问卷调查或其他形式的调研做好数据采集工作，整理并分析用户对档案的需求内容、需求类型。其次，要建立个性化的档案移动服务模式，开发档案移动服务支持系统，或借助第三方已建成的信息移动服务平台如电子政务系统等开展档案移动服务。再次，要精准推送档案服务，利用微信、短信、QQ 等渠道实现档案服务活动的推送分发，培育档案移动服务用户社群，实现场景化的档案移动服务。最后，以智能手机为主要载体，研发“互联网 + 档案”的专题应用。开发智能手机档案服务 APP，建立档案管理人员与用户之间的互动联系与资源互通，在节约档案服务社会化成本的基础上提高服务效能，为广大人民群众的档案需求提供更为方便快捷的路径。“互联网 +”时代是信息技术发展到一定阶段的产物，也是档案管理服务工作开创新格局的良好开始。为了能够将档案服务工作提升到一个新的层次，充分发挥档案的服务功能，档案管理部门必须从加强档案意识入手，强化档案管理队伍的技术水平与专业能力，以用户的需求为主要研究对象，以智慧档案服务平台与个性化档案移动服务模式为抓手，为社会和大众提供更有价值、更有温度的档案服务。

四、"互联网+"档案服务类APP深度研发

（一）"互联网+"档案服务类APP深度研发基础

"互联网+"档案服务类APP的深度研发，是新技术深度融合到档案服务领域的过程，是档案服务领域创造性发展。

"互联网+"档案服务类APP深度研发，是在互联网等现代信息技术支撑下，为档案信息资源在各领域（经济、社会和生活）服务提供最有效平台；是"互联网+"档案服务类APP技术深度创新过程，是深度拓展档案服务功能和空间的过程，也是最大限度地增强"互联网+"档案服务类APP功能的过程。

"互联网+"档案服务类APP深度研发，需要进一步盘活僵化的档案服务工作机制，重构档案公共服务体系。将"互联网+"档案服务类APP深度研发，有机地融入创新档案服务业务流程，使读者在短时间内将获得海量的、极为丰富的、可利用的档案信息资源。利用"互联网+"档案服务类APP深度研发契机，积极打造高水平网上档案信息资源的利用平台，为档案服务人员和利用者之间建立档案信息资源互通共享。在全国范围内建设档案信息资源公共服务大数据库，可以让档案利用者极为便利地分享公共产品和档案信息资源，也让每一位档案信息资源利用者感受到无处不在的关心，体现出建设"互联网+"档案服务类APP深度研发成果的最大优越性。

（二）"互联网+档案"服务类APP深度研发核心问题

"互联网+"档案服务类APP深度研发环境下，社交环境发生了根本性变化，传统的社交模式已被淘汰，新的社交模式正朝着前所未有的方向发展。

1. 核心问题

"互联网+档案"服务类APP深度研发的核心问题，是解决如何科学地"链接"问题。同时也要解决档案服务相互融通过程中馆藏档案信息资源共享最大化存在的问题。通过"互联网+档案"服务类APP深度研发，创新"链接"指数，判断档案服务创新能力。"链接"的实质就是"互联网+档案"服务类APP深度研发的动力。可见"链接"涵盖生产、生活和生态各个方面。智能手机终端、微信、QQ和电脑通信"链接"，可以将世界范围内用户紧密"链接"，不论主观意识，还是客观实际，仅全国档案馆（室）之间和内部机构的"链接"，就远远超出人们可预知范围。其核心就是时间与空间贯通，点、线和面"链接"。

2. 大数据资源库

"互联网+档案"服务类APP深度研发，建设资源大数据库，已经成为不可

或缺的内容。平时要注重数据收集，重视数据应用，而“互联网 + 档案”大数据资源库建设，就是档案信息资源数据整合的必然结果，也是数据应用的具体体现。世界是大数据世界，不仅科学技术重视大数据，而且日常生活受大数据的影响也越来越大。不论是基础性领域研究，还是技术创新领域的发展，大数据技术，不仅是一种手段，更是处理当前问题最可靠的方法。不论是美国总统奥巴马政府提出的“大数据研究与开发计划”，还是克林顿政府提出的“信息高速公路”，都与大数据技术密切相关。大数据技术是人类宝贵的财富，对世界科学技术发展的影响不容忽视。“互联网 + 档案”服务类 APP 深度研发处于前期的探索阶段，其平台建设问题涉及发掘馆藏档案信息数据资源，要结合微信公众号进行深度挖掘和整理，全方位实现共享“链接”和全面整合，建成馆藏档案信息资源利用宝库。

3. 平台建设

“互联网 + 档案”服务类 APP 深度研发平台，是“枢纽型”群团组织，可将各级各类档案馆联合成一体，可以建立会员信息基础数据库，为整合全国档案资源数据库奠定坚实基础。档案管理部门要以微博、微信公众号和移动客户端，开展档案资源数据收集、整合、共享、教育、信息发布及服务工作，建立全国范围无障碍绿色连接通道，最终建设成为点、线和面立体式互通档案资源信息传播体系，全面推动线上线下的档案数据资源互动融合，从而保障档案利用者充分共享科技、生活、文化和艺术等全套服务。

4“生态”型生态圈

“互联网 +”档案服务类 APP 深度研发已经取得显著成效，融入了人们生活、工作和休闲之中。“互联网 + 档案”服务类 APP 深度研发，可使其网上网下提供的档案信息资源服务和接受服务者之间的结合更为密切。共享档案信息资源大数据库，不仅能顺利实现档案信息资源应用最大化，也使得各个档案馆能够及时获取所需的档案信息资源数据，顺利解决遇到的各种难题。“互联网 +”档案生态环境，是“互联网 +”档案服务类 APP 融入互联网平台，建成纯“生态”生态圈，优化信息成本和时间成本，按照最科学、最合理模块建设的生态圈。“互联网 +”档案服务类 APP 要建立起“生态”生态圈，解决“互联网 + 档案”档案信息资源服务过程的各种问题。

“互联网 +”档案服务类 APP 深度研发，要融合每一个角落的档案信息资源，要解决“互联网 + 档案”生态性发展问题，要以“生态”工作为突破点、以“生态”作为“孵化器”，利用研发能力强的优势，为科研人员在科研攻关时的奇思妙想转化为科研成果提供档案信息资源数据，为科研人员成长为大国科研创新人才创建“生态”成长环境。

（三）“互联网 +”档案服务类 APP 深度研发管理

在“互联网 +”时代，档案服务类 APP 的种类日益丰富，这要求档案管理部门必须紧跟时代步伐，确立“互联网 + 档案”服务类 APP 的思维模式。这种服务模式不仅是创新档案服务的平台，更是推动档案服务向档案利用者深度延伸的重要动力，也是档案服务品质持续提升的内在源泉。档案馆作为档案信息资源的重要服务阵地，同时也承担着科学技术研发平台的功能。因此，领导层需要从“互联网 +”档案的角度出发，全面审视各档案馆的服务运行情况，并建立相应的“互联网 +”档案服务类 APP 管理思维。

1. 网络控制

在“互联网 +”档案服务类 APP 的深度研发过程中，我们要意识到网络传播的无界性和快速性。这种传播方式不仅打破了传统的思维、生活和生存模式，而且其影响速度和程度都是惊人的。因此，有效控制网络传播是“互联网 +”档案服务类 APP 的重要工作内容。从设计源头把握档案服务的导向，确保网络空间的清朗健康，体现“中国梦”和实现“两个一百年”宏伟目标的时代主题，同时将社会主义核心价值观融入人们的思想意识之中。

2. 质量为先

“互联网 +”服务作为新技术革命的重要里程碑，意味着万物互联，信息爆炸。在这样的背景下，不良信息的负面影响不容忽视，它可能直接影响健康向上的网络环境。因此，在“互联网 +”档案服务中，我们必须坚定社会主义理想信念，坚持党的领导，营造风清气正的网络环境。同时，保持对网络信息的高度敏感性，积极探索“互联网 +”档案服务类 APP 深度研发的最佳路径，运用大数据等现代化技术手段进行调研、分析和融合，构建条块结合的“网络 + 档案”服务类 APP 管理创新体系，推出实用性强、功能丰富的 APP 客户端软件服务平台，为用户提供便捷、多样和优质的服务。

3. 强化管理队伍

“互联网 +”档案服务类 APP 的管理水平直接关系到其应用效果和服务质量。如果管理水平低下，不仅无法构建先进的应用前端，也难以设计出满足用户需求、具有创新性的应用界面。因此，在“互联网 + 档案”服务类 APP 的深度研发中，我们必须重视专业人才队伍的建设。只有拥有一支精通网络平台建设和管理的专业团队，才能确保前端界面的先进性和创新性，使得栏目设置、专题展示、人性化活动场面和主要内容的显示方式都保持先进性和超前性。

（四）“互联网 +” 档案服务类 APP 深度研发远景

“互联网 +” 档案服务类 APP 的深度研发具有广阔的远景，它不仅为档案馆的发展提供了新的机遇，也推动了档案馆的自我革新。为了紧跟“互联网 +” 档案服务类 APP 深度研发平台的步伐，以及确保其适应“互联网 + 档案” 环境的发展需求，我们必须进行有针对性的改革。

这种深度研发是互联网技术深度发展的必然产物，更加贴合实际使用需求。这类 APP 的升级换代通常采用推移式策略，不断融合和消化“互联网 +” 档案的应用需求，通过开放单位微博、微信公众号和智能手机客户端等方式，全方位满足用户需求。

在构建“互联网 +” 档案智能化服务窗口时，我们不仅要追求窗口的经典化，更要实现智能化，以满足用户多样化的需求。这类 APP 的改造必须围绕信息化、规模化、标准化和规范化要求进行，确保服务质量和效率。

深度研发“互联网 +”档案服务类 APP，需要前沿的技术支持，超前的目标设定，完美的框架设计和简便的操作流程。此外，操作平台必须人性化，确保用户能够轻松上手。通过新媒体技术整合档案信息资源和多领域资源，APP 将能够获取丰富多样的信息内容，从而拥有强大的竞争力和生存能力。

为了实现这一目标，我们首先要解决的是工作人员队伍建设问题，确保团队具备足够的技能和素质。其次，要有针对性地选定教育内容，提升团队成员的专业水平。最后，通过精心设计利用知识界面，研发出方便用户自主选择学习、提升业务水平的网上学习平台。

综上所述，“互联网 +” 档案服务类 APP 的深度研发需要不断完善档案知识储备，提升计算机应用技能，加强文献资源数据库建设，并拓展数据库的内涵。我们要与时俱进，以高位切入的策略，将其应用普遍化、智能化和人性化，打造一个充满科技含量的文化场所，为用户提供全方位、智能化和知识化的档案信息资源体验环境。

五、“互联网 + 新媒体” 背景下的档案信息服务个性化实现

（一）档案个性化信息服务的相关理论

1. 档案个性化信息服务基本概念

档案信息服务从广义上讲，指的是档案信息机构整个的业务工作，即所有为

了促进档案信息流通，加快档案信息传播，提高档案信息利用率，便于利用者获取档案信息所进行的各项活动。档案信息服务并非千篇一律，它会受到社会、用户等关键因素影响而发生变化，档案个性化信息服务就是根据用户的不同需求进行量身定做的信息服务。个性化服务起初用于商业服务，随后才被应用于以档案馆为代表的文化事业机构，也是顺应“互联网 + 新媒体”时代而产生的必然结果。

针对档案个性化信息服务的概念，黄夏基最先给出了定义，他将档案部门档案信息服务个性化概括为：“是根据用户的特性提供具有针对性的信息内容”。张卫东、王萍将其定义为：“是根据用户利用档案信息的行为特征、习惯和用户的需求做出的个性化服务措施”。同时，朱颖将其描述为：“是根据档案信息用户的信息使用行为、习惯、偏好和特定需求，匹配过滤检索结果，向档案用户提供高质量的、有针对性的档案信息的个性化服务”。综上所述，档案个性化信息服务，即始终以用户为中心，围绕着用户的个性化需求，多层面、多维度地进行分析度量，为信息用户获取到针对性、准确性档案信息提供的各项业务。

2.“互联网 + 新媒体”背景下档案个性化信息服务的特征

传统档案信息服务的基本理念是“资政”，传统档案管理工作基本上属于档案实体管理，采用封闭或半封闭的管理方式，档案信息服务采取的是等客上门的被动服务。而“互联网 + 新媒体”背景下档案个性化信息服务则主要依赖互联网环境，通过网络和新媒体技术，将档案信息在数字化的平台上进行整合、加工和展示，在提供传统信息服务的基础上为不同需求的用户提供统一检索、私人定制推送等数字化档案信息服务。

从服务对象来看，传统的档案信息服务，主要面向的是需要具体档案资料的学术界、行政机关等人士和机构。然而，随着互联网技术的发展，越来越多的人通过网络获得各种信息，对个人信息的需求也在增加。因此，在“互联网 + 新媒体”背景下，档案个性化信息服务主要满足的是广大公众对档案资料的个性化获取需求。互联网时代，信息获取已经变得更加便捷和广泛，档案个性化信息服务提供个人档案资料、家谱文献、根源寻找等服务，可以满足公众对个人历史和文化信息的需求。通过互联网和新媒体平台，个人用户可以轻松查阅和获取所需档案信息，不再局限于实体档案馆，避免了因时间、地点限制而造成的障碍。另外，档案个性化信息服务可以帮助信息消费者筛选和整合海量的档案信息，提供品质保证和个性化定制的服务，确保其获取到准确、可信的档案信息。

从服务内容来看，档案个性化信息服务可以提供档案查询检索、档案浏览阅读、档案分享传播、档案利用开放和档案展览推广等服务。通过互联网和新媒体平台，极大方便用户查询和检索档案信息、浏览和阅读电子化的档案文件和资料。互联网和新媒体实现了档案信息的快速传播和分享，促进知识的交流和共享。档案机构将一些公开的非敏感性档案信息以开放数据的形式提供给公众，推动了档案资源的利用，促进社会创新与发展。通过互联网和新媒体平台，档案机构能够展示和推广精选的档案展览和活动，让用户在线参观档案展览，了解历史文化，增加对档案的认知和理解。

从服务方式来看，档案个性化信息服务充分利用了互联网和新媒体的优势，利用新兴技术和各种数字化手段，为用户提供线上查询、电子档案传递、数据挖掘和分析、个性化推送以及在线互动与咨询等服务方式。如利用现代数字化技术，对纸质档案进行扫描、数字化处理，并建立相应的数据库，实现快速有效的档案传递和共享；利用大数据和人工智能技术，对大量的档案信息进行挖掘和分析，提取有价值的内容和关联信息；根据用户的偏好和需求，通过智能推荐算法，为用户提供个性化的档案信息服务；利用互联网平台或移动应用程序，提供在线查询、浏览和下载相关档案资料服务，还提供即时通信工具、论坛、社交媒体等渠道，让用户可以与专业人士交流意见、共享经验，并获取专业的档案信息服务。

（二）实现档案信息服务个性化的必要性

1. 满足用户对档案信息的多样化需求

在“互联网 + 新媒体”的时代背景下，用户的档案信息需求呈现出前所未有的多样化趋势。随着科技的进步和互联网的发展，人们获取信息的渠道日益增多，同时，由于个人背景、行业特性、兴趣爱好等因素的差异，用户对档案信息的需求也变得日益复杂和个性化。传统的档案服务模式已经无法满足这种多样化的需求，亟需通过个性化服务来满足用户的期望。

在新媒体的环境下，档案信息资源的传播速度和数量都达到了前所未有的水平。用户不仅可以通过搜索引擎等工具轻松地获取大量的档案信息，还可以通过社交媒体、移动应用等新媒体平台获取更加精准、个性化的信息推送。通过智能化的搜索算法和数据挖掘技术，档案服务机构能够深入了解用户的偏好和需求，为用户推荐符合其个性化需求的信息资源。这种个性化的信息服务模式不仅提高了用户获取信息的效率，也增强了用户的使用体验。

此外，新媒体还为用户提供了更多的互动机会。用户可以通过社交媒体、在线论坛等平台发表自己的观点、提问、并反馈意见等，与档案服务机构进行实时互动。这种互动机制不仅有助于档案服务机构更好地了解用户需求，还能够及时发现和解决问题，提升服务质量。

2. 实现档案事业转型升级的必然趋势

随着信息技术的不断发展和普及，传统的档案服务模式已经难以满足现代社会的需求。在“互联网 + 新媒体”的背景下，档案事业面临着转型升级的迫切需求。个性化信息服务作为数字化档案建设的核心内容之一，是实现档案事业转型升级的重要途径。

传统的档案服务模式往往侧重于档案的收集、保护与管理，忽视了档案的利用和社会价值的发挥。而在新媒体的环境下，档案管理机构可以利用互联网和新媒体平台，实现档案信息的数字化、网络化和智能化管理，为用户提供更加便捷、高效、精准的档案信息服务。这种服务模式不仅打破了信息孤岛的局面，还提高了档案信息的利用率和社会价值。

通过发展个性化信息服务平台，档案管理机构可以深入了解用户需求，根据用户的偏好和需求提供个性化的信息服务。这种服务模式不仅能够满足用户的多样化需求，还能够提高档案管理机构的服务质量和效率。同时，个性化信息服务平台还能够吸引更多的用户，扩大档案管理机构的社会影响力，推动档案事业的持续发展。

综上所述，“互联网 + 新媒体”时代实现档案信息服务个性化不仅是满足用户多样化需求的必要手段，也是实现档案事业转型升级的必然趋势。档案管理机构应该积极拥抱新技术、新应用，不断创新服务模式和提高服务质量，为用户提供更加优质、便捷的档案信息服务。

（三）档案信息个性化服务的实现

1. 构建信息个性化服务平台

平台建设是实现档案信息个性化服务的物理基础，是“互联网 + 新媒体”背景下档案信息个性化服务实现不可缺失的，在档案信息个性化服务的过程中必须得到强调。“互联网 + 新媒体”是指利用互联网和新兴媒体技术，推动信息的传播和服务的创新。在这一背景下，构建档案个性化信息服务平台可以有效提升档案管理和服务的质量效率，满足公众对档案查询、服务和管理的需求，为公众提供更加便捷、高效的档案服务。档案管理机构需要利用“互联网 + 新媒体”的功能属性，以用户多元化信息需求为核心，围绕个性化信息服务这个目标，利用人工智能、大数据分析技术，构建“互联网 + 新媒体”档案个性化信息平台。对于平台的构建，应设置包括个性化分类定制、信息检索、信息推送以及信息反馈等多个功能模块。平台在服务过程中主要突出其个性化、智能化、多元化的特征，同时开发互联网终端和手机软件端，方便信息用户随时随地可以利用新媒体享受个性化档案信息服务。

个性化分类模块包括用户基本信息和用户偏好信息等内容，用户可以通过该模块进行登录、注册、修改个人信息和管理自己的档案。该模块通过分析用户的行为、兴趣、需求等信息，构建用户画像对用户进行分类，还可以通过对平台中各种内容进行标签分类，以便用户能够更快速地找到感兴趣的内容。

信息检索模块主要用于查询和检索档案信息，一般包括多种搜索方式，如基本搜索、高级搜索、全文搜索等，用户可以通过输入关键词、时间范围和目标类别等条件，快速精准地获取所需信息。

信息推送模块则是平台根据用户的偏好和行为习惯，开展用户需求分析和调研，利用机器学习、深度学习等技术，生成符合用户需求的推荐结果，有针对性地向其推送相关个性化的档案信息，推送方式包括站内信、短信推送、邮件推送等。此外，该模块还可以实现消息订阅功能，让用户定制自己感兴趣的信息内容，提高信息推送的精准度。

信息反馈模块则是用户在使用平台过程中对平台服务的反馈和建议，这些反馈可能涉及平台功能、页面设计、用户体验等，平台应该积极采集并采纳用户的意见和反馈，不断优化服务，以此提高信息用户的服务满意度。此外，该模块还应包括用户评价功能，让用户对档案信息的质量进行评价。

2. 档案信息个性化服务的完善

在“互联网 + 新媒体”时代背景下，档案信息个性化服务的完善显得尤为重要。这不仅关乎档案信息服务的效率和质量，更直接影响到用户满意度和档案事业的可持续发展。以下将从多个方面详细阐述如何完善档案信息个性化服务。

第一，完善“互联网 + 新媒体”时代档案信息服务管理制度。首先，要构建一套完整、规范的档案信息服务管理制度。在互联网和新媒体技术的推动下，档案信息服务机构需要明确服务目标、范围和流程，确保各项服务活动有法可依、有章可循。具体来说，应明确档案信息服务的内容、方式、频率和效果评估标准，制定详细的服务计划，并设立专门的服务质量监控机制。在制定档案信息服务管理制度时，还需注重以下几点：一是明确服务对象的权益和义务，确保用户在使用档案信息服务时能够得到充分的保障；二是加强工作人员的培训和管理，提升服务意识和专业水平，确保服务质量和效率；三是建立健全信息安全保障机制，采取多种技术手段和措施，确保档案信息在传输、存储和使用过程中的安全性。此外，档案信息服务机构还应与国际上相关组织和机构进行交流合作，学习借鉴先进的管理经验和技术手段，推动档案信息服务管理制度的国际化、标准化。通过与国际接轨，提高档案信息服务机构在全球范围内的竞争力和影响力。

第二，保障档案信息个性化服务中的信息完整性和安全性。档案信息的完整性和安全性是档案信息服务中不可忽视的重要问题。在“互联网 + 新媒体”时代背景下，档案信息的传播和利用面临着诸多挑战和风险。因此，必须采取有效措施保障档案信息的完整性和安全性。

首先，要加强档案信息的收集和整理工作，确保档案信息的完整性和准确性。档案管理机构应建立健全的档案收集、整理、归档和保管制度，确保档案信息在形成、传输、存储和使用过程中的完整性和一致性。同时，还应加强对档案信息的审核和鉴定工作，确保档案信息的真实性和可靠性。其次，要采取多种技术手段和措施保障档案信息的安全性。在互联网环境下，档案信息的传输和存储面临着诸多安全威胁，如黑客攻击、病毒入侵等。因此，必须采取有效的技术手段和措施来保障档案信息的安全性。例如，采用加密技术、防火墙技术、入侵检测技术等来保障档案信息在传输过程中的安全性；采用数据备份、恢复技术等来保障档案信息在存储过程中的安全性。最后，档案管理机构还应建立完善的内部控制机制，加强对档案信息的安全管理和监督。通过制定严格的安全管理制度、加强员工安全意识和技能培训、建立安全事件应急处理机制等措施，确保档案信息在利用过程中的安全性。

第三，加强“互联网 + 新媒体”与档案信息个性化服务的深度融合。要实现档案信息个性化服务，必须加强与“互联网 + 新媒体”的关联融合。通过技术手段和平台建设，将档案信息服务与互联网、新媒体等技术手段相结合，实现档案信息的数字化、网络化、智能化管理和利用。首先，应建设档案数字化平台。通过对档案信息进行数字化处理，实现对档案信息的精准分类、归档和共享。同时，建立在线检索、查询和下载等功能，方便用户随时随地获取所需的档案信息。其次，应整合互联网和新媒体资源。通过构建在线交流和互动平台，引导用户共享档案信息资料，促进用户之间的互动和交流。同时，利用社交媒体、移动应用等新媒体平台，推广档案信息服务，扩大服务覆盖面和影响力。再次，应利用人工智能、大数据等技术手段。通过运用这些先进技术，探索实现自动化的档案分类、索引、检索和推荐等服务。同时，根据用户的个性化需求和行为数据，提供个性化的档案信息服务推荐和定制服务，提高服务效率和用户满意度。最后，应推广智能终端设备应用。通过开发移动应用、智能检索系统等智能终端设备应用，让用户可以方便地获取和使用档案信息服务。同时，通过智能设备收集用户反馈和数据信息，不断优化服务流程和提高服务质量。

总之，在“互联网+新媒体”时代背景下，档案信息个性化服务的完善需要多方面的努力。通过完善管理制度、保障信息安全、加强技术融合和推广应用等手段，不断提高档案信息服务的质量和效率，满足用户的多样化需求，推动档案事业的可持续发展。

第三节 “互联网 +”下企业智慧档案网络平台的构建

一、“互联网 +”智慧档案网络平台的构建

（一）应用平台构建

在当今信息化时代背景下，构建一个安全、高效、便捷的档案信息资源管理平台显得尤为重要。该平台的构建主要包括业务架构、应用架构、数据架构和利用架构四个核心部分，下面将分别进行详细的扩写说明。

1. 业务架构

业务架构是平台构建的基础，它明确了档案信息的流转过程和参与者的角色。业务架构主要包括文件产生者、文件接收者和文件利用者三个主体。

文件产生者：负责归档文件的采集工作，确保档案信息的完整性和准确性。他们需要对电子档案进行封装，确保档案信息的电子格式符合标准，便于后续的处理和利用。在文件产生过程中，文件产生者还需负责电子档案的移交工作，确保档案信息的及时传递。

文件接收者：负责对电子档案进行接收和管理。他们需要在线或离线接收电子档案，并进行定期保存。同时，他们还需要对电子档案进行分类管理，以便后续的检索和利用。在档案存储过程中，文件接收者还需负责电子档案的迁移工作，确保档案信息的安全性和可访问性。

文件利用者：档案信息的主要使用者。他们可以通过在线借阅申请和借阅功能，方便快捷地获取所需的档案信息。同时，他们还可以在线下进行档案信息的利用，如打印、复印等。为了满足不同用户的需求，平台还需要提供个性化的服务，如档案鉴定、授权审批等。

2. 应用架构

应用架构是平台功能实现的核心。它主要包括业务管理平台、系统定制和基础应用平台三大模块。

业务管理平台：负责档案信息的全流程管理。它涵盖了从元数据接收、原文

接收、数据补充到数据审核、整理、导出等各个环节。此外，业务管理平台还提供了采集设置、数据采集、数据发送、接收、检查验证等功能，确保档案信息的准确性和完整性。同时，它还提供了信息反馈和数据导入导出功能，方便用户进行数据的交互和共享。

系统定制：为了满足不同用户的个性化需求，平台提供了全宗管理、业务设置、机构用户和系统参数等定制功能。用户可以根据自己的实际需求，对平台的功能和界面进行定制和调整。

基础应用平台：提供了平台运行所必需的基础服务。它包括了流程服务、安全服务、内容服务、工作引流等功能模块。同时，为了保障平台的安全性和稳定性，基础应用平台还提供了访问控制、数据存储、表单管理、加密认证等服务。此外，为了提高平台的易用性和效率，基础应用平台还提供了搜索引擎、协同工作、数字销毁、格式转换等功能。

3. 数据架构

数据架构是平台数据存储和管理的基础。它主要包括电子文件元数据区、非结构化数据区、统计分析数据区和系统配置数据区四个部分。

电子文件元数据区：存储了电子文件的元数据信息，如全宗数据、分类数据、案卷数据等。这些元数据信息是电子文件的重要组成部分，对于电子文件的检索和利用具有重要意义。

非结构化数据区：存储了电子文件的内容数据等非结构化信息。这些非结构化数据是电子文件的核心内容，对于文件的完整性和可读性具有重要意义。

统计分析数据区：存储了统计汇总和专题分类数据等统计分析信息。这些信息有助于用户对档案信息进行深入的分析和研究，为决策提供支持。

系统配置数据区：存储了机构用户、保管期限、元数据规范、分类等系统配置信息。这些信息是平台正常运行所必需的，对于保障平台的安全性和稳定性具有重要意义。

4. 利用架构

利用架构是平台提供利用服务的重要组成部分。它主要通过企业档案馆利用平台和企业官网两种渠道提供服务。

企业档案馆利用平台：提供档案鉴定、检索利用、阅读器等功能，方便用户进行档案的查询和利用。同时，为保障档案信息的安全性，平台还提供授权审批和档案调卷等功能。此外，为满足不同用户的需求，平台还提供利用者管理等功能，方便管理员对用户的权限和行为进行管理。

企业官网：作为企业形象展示和信息公开的重要窗口，企业官网提供档案信息的检索利用服务。用户可以通过企业官网查询档案信息并进行数据维护等操作。同时，为保障用户信息的安全性，企业官网还提供用户管理和权限管理等功能。此外，企业官网还可以发布档案信息的相关情况，方便用户了解档案信息的最新动态。

（二）智力建设

1. 加强技能培训

企业档案部门积极开展技术经验交流会，向社会购买互联网知识技能培训，聘请相关研究机构和专家来企业培训“互联网 +”档案基础知识和应用培训。企业与互联网企业建立信息咨询、人才交流等合作机制。

2. 加快复合型人才培育

鼓励现有企业档案管理人员学习“互联网 +”专业技术，并引进一批“互联网 +”领域的高端人才。提供有利于人才的分配、激励和保障机制，保障引入优秀互联网人才资源。

（三）保障支撑

1. 强化组织实施力度

为了确保“互联网 +”档案工作的高效推进，首要任务是加强组织领导。企业应把“互联网 +”档案工作视为重要议题，将其纳入年度工作计划、发展规划和绩效评估考核体系，确保其战略地位得到足够重视。为此，应建立专门的“互联网 +”档案建设小组，由具备丰富经验和跨领域知识的专家担任领导，负责具体工作的组织推进。同时，积极外聘“互联网 +”领域的专家，以提供专业的咨询和支持，为互联网技术的业务应用提供有力支撑。

在推进实施过程中，各部室及子单位领导需以发展的眼光看待“互联网 +”企业档案工作，鼓励在实践中大胆创新，并相互借鉴成功经验。要结合实际情况，制定符合企业特点的“互联网 +”档案行动落实方案，确保工作的务实性和有效性。避免盲目规划和设计，确保资源的合理配置和高效利用。

2. 加强引导与支持措施

在资金方面，企业应加大对“互联网 +”档案工作的投入力度。设立专项“互联网 +”档案资金，并制定详细的资金使用计划，确保资金的合理使用和高效配置。这些资金可用于吸引和培养人才、人员培训、购置移动互联网设备等关键领域，为档案工作的顺利开展提供坚实保障。

此外，政府相关部门也应积极支持“互联网 +”智慧企业档案网络平台的构建。

通过加大对企业的财税支持，为企业档案工作创造良好的创新环境。这些支持措施将有助于激发企业的创新活力，推动档案工作向更高水平发展。

3. 提升安全保护水平

随着互联网的普及和应用，档案工作的安全保护显得尤为重要。为此，企业应建立健全信息安全保障体系，按照管理规范和技术标准的要求，采用安全可靠的信息设备和网络安全产品。同时，加强与网络安全专业服务机构和相关部门的合作，共享网络安全威胁预警信息，共同防范网络攻击和破坏。

利用互联网技术建立的档案管理平台可以实现企业对电子档案信息的集中安全管理。通过细化用户权限控制、定期备份等措施，确保数字档案信息资源的安全保存和高效利用。这将大大提高档案信息传输利用效率，实现在线查阅或申请在线查阅相关档案信息资源的功能。同时，对于一些具有工作经验的档案资料，将更加方便在工作中利用，降低企业文档管理成本。

在推进电子档案管理的同时，也要注意纸质档案与电子档案的优势互补。电子档案虽然具有易于传输和查阅等优点，但也存在易篡改、易泄密等风险。纸质档案则具有较高的安全性和法律凭证作用。因此,在构建企业电子档案管理系统时，也要科学化管理纸质档案，确保两者的互补性得到充分发挥。

二、房地产档案管理中信息网络平台的应用

（一）信息网络平台在房地产档案管理中的应用原则

1. 便捷性原则

近年来，我国房地产领域发展迅猛，人民生活水平日益提高，对房地产档案信息的需求量也在不断提升，这种情况下要想更好地满足用户需求，自然需要考虑在信息网络平台应用过程中遵守便捷性原则，这样才能更好地促进房地产档案信息化管理目标得以实现，切实满足用户需求。

2. 系统性原则

房地产档案管理工作较为繁杂，而信息网络平台的有效应用则能提升档案管理效率，所以在应用信息网络平台的时候应加强对信息技术的应用，及时将房地产相关档案信息录入信息管理系统之中，从而有效发挥其价值。

3. 规范性原则

在应用信息网络平台进行房地产档案管理时还需要尊重规范性原则，具体而言就是遵守相关标准和规范来开展档案管理工作，以此确保信息管理系统在档案管理中发挥出应有的作用。

4. 安全性原则

首先应加强对机房的安全保护，此外，还应考虑做好档案保密处理和备份处理，避免房地产档案数据信息的丢失，确保档案管理质量。

（二）信息网络平台在房地产档案管理中的应用措施

1. 加强房地产档案管理信息化建设

"工欲善其事，必先利其器。"要想将信息网络平台有效应用于房地产档案管理工作中，一定要先加强房地产档案管理信息化建设，明确此项工作的重要性，不断改进房地产档案管理信息化建设环境，以此为网络信息平台有效应用打好基础。为了确保网络信息平台的有效应用，需要先购置相应的设备、系统，同时适当扩大机房面积，这样才能真正为信息网络平台在房地产档案管理中的有效应用打好基础。

2. 加强房地产档案分析信息系统建设

房地产档案管理工作能够为产权交易双方提供相应的房产资料，同时也能够为相关政府部门提供相应的房地产档案。为了确保各方面的房地产档案需求得以满足，同时为档案用户提供便捷的查询服务，房地产档案管理工作者在应用信息网络平台时应加强房地产档案分析信息系统建设，借由这一系统的有效应用提升相关部门对房地产档案信息资料的分析效率和质量，及时准确地对房地产交易市场做出最佳的决策及合理的宏观调控，从而有效保障房地产供需平衡发展。

3. 推进房地产档案管理数字化建设

为了进一步发挥信息网络平台在房地产档案管理中的应用价值，还需积极推进数字化建设，以期为用户提供及时便捷的检索服务并更好地发挥出房地产档案的价值。需要注意的是，对一些机密档案则需要做好保密处理，避免出现机密档案信息泄露的情况。

4. 强化房地产档案信息收集系统建设

为了进一步发挥信息网络平台在房地产档案管理中的应用价值，还需要强化房地产档案信息收集系统建设。传统模式下的房地产档案收集过程十分繁琐，而且效率低下，大大影响了房地产档案管理效率。为了改善这种状况，在应用信息网络平台进行房地产档案管理时，应构建较为完善的房地产档案收集系统，由此做好档案收集、整理等工作。此外，还要加强各部门之间的沟通与协调，确保房地产档案收集工作的顺利推进。

5. 构建信息化档案管理队伍

为了发挥信息网络平台在房地产档案管理中的应用价值，还应构建信息化档案管理队伍，不断提升档案管理人员综合素质。信息网络平台要想在房地产档案管理中得以有效应用，档案管理人员自身需要具备较高的业务素质、专业能力及信息素养，这样才能确保房地产档案信息网络平台的有效应用。因此，房地产企业需要强化对档案管理人员的培训与再教育，帮助档案管理人员树立起与时俱进的工作理念，同时强化其对新理念和新技术的掌握，这样才能确保信息网络平台在房地产档案管理中的有效应用。

（三）信息网络平台在房地产档案管理中应用的注意事项

1. 强化加密技术的运用

鉴于部分房地产档案信息资料的高度敏感性和保密性，我们必须充分利用加密技术来提升档案管理的安全性。通过为这些敏感信息设置复杂的密码或加密算法，有效防止未经授权的访问和数据泄露，从而确保机密档案资料得到妥善保护。

2. 严格控制房地产档案信息的外部传输

为了满足用户的查询需求，我们允许用户在办理相关手续并经过档案管理人员确认后直接查询档案信息。然而，对于用户尝试传输、复制或粘贴档案信息并向外输送的行为，我们必须进行严格限制。这包括设定传输权限、禁止复制或限制文件输出的格式和质量等，以最大限度地降低档案信息泄露的风险。

3. 实行严格的限时浏览制度

为了避免用户对房地产档案信息的长时间占用和不当使用，我们应实施限时浏览制度。在允许用户查阅档案信息之前，先经过严格的身份验证和权限审批，并在用户登录后设定合理的浏览时间限制。这样既能保证用户及时获取所需信息，又能防止长时间占用资源，同时提高档案信息的安全性。

4. 确保房地产档案信息的及时录入与更新

为了保持房地产档案信息的准确性和时效性，我们必须确保信息的及时录入与更新。这包括定期收集、整理、审核和录入新的档案信息，以及及时更新和修正已有信息中的错误或遗漏。通过不断完善和优化档案管理流程，我们可以为用户提供更加准确、可靠和及时的档案信息服务。

综上所述，随着社会网络化和信息化的不断发展，房地产档案管理面临着前所未有的机遇和挑战。为了推动房地产行业的持续发展，我们必须加强对信息网络平台的应用，积极推进档案管理信息化建设，不断提高档案管理的安全性、完整性和服务效率。

三、校友档案管理互动网络平台的建设和应用

由于校友档案自身的特殊性，以及在信息收集时，需要考虑校友信息流通性的特性，在进行网络平台建设时，设计人员应该尽可能使用目前使用较多的互联网技术，以此开发具备互动形式的校友档案信息系统，最终实现用户操作便捷，后台管理轻松的“傻瓜式”系统。利用互联网建立互动模式下的网络平台系统，可以在用户和管理人员使用互联网平台进行编辑校友档案的过程中，实现不限时间、不限地点、不限人员的操作效果，使校友档案管理系统从传统封闭模式，转型为开放型的服务模式，极大地提高参与的积极性。

（一）校友档案管理互动网络平台建设的技术

1. 互联网技术

互联网技术在目前社会的主要体现是信息化时代的初级阶段，即电子社会时代进行全面转型为高级阶段，即信息社会时代。建立校友档案管理平台，更多使用的便是人们比较熟悉的互联网系统。比如：第一，在日常校友档案时，可以建立以此为主题的微信群和博客群，建立校友之间相互交流的平台和空间，促使档案平台得到有效的宣传和推广，从而利用新浪微博与手机建立一系列的互联网结构。第二，在校友档案日常运转时，后台维护人员可以通过博客或者微博平台，撰写校园类型的文章，促使校友积极参与讨论，以此创新校友档案的运行模式和信息交流方式。第三，在当下自媒体平台逐渐兴起的大环境下，校友档案平台可以通过参与各个自媒体平台，提高档案系统的人性化程度。第四，为了更好地引起校友用户的使用体验感，校友档案平台还可以建立书签标志服务，在日常生活工作中，用户可在校友档案中经常查找和观看网页并收藏，并且校友档案平台可以根据用户阅读和查找的习惯，进行档案文件的推送，促使用户在校园档案平台上，使用他人推荐的文件资源。第五，对于校园档案的人性化建设，技术人员还可以在整体结构平台内，增加 IM 系统即实时通信系统，可以使用户轻松地与管理人员或者校园管理者进行沟通和交流，同时也可以让大众快速接触档案内部的相关资料，一旦遇到特殊问题也可以及时与后台管理人员取得沟通，尽可能提高平台的使用体验。第六，为了保障校友档案平台的使用安全，系统平台建立了实名制使用模式，以此辅助散落于全国各地的校友、档案建立部门、档案工作者以及对教育行业关心的校友，并且以此为基础在互联网上建立相关的人际圈，极大地保障用户个人的资料安全和系统平台的服务质量。

2. 物联网技术

物联网技术是现代化社会发展的产物，是新一代信息技术的重要组成部分，其与互联网的主要区别，是用户的使用终端和使用范围拓展到了物体与物体之间实现信息的交流和互通。对于校友档案管理互动网络平台的建设来说，除了可以依靠互联网技术进行平台建立外，还可以利用物联网技术，实现人与人之间、物体与物体之间的深入交流。

第一，在校友档案管理结构建立过程中，根据保密级别和资料重视程度加以划分，可以利用类似于超市条码的扫描系统，为校友平台的每一个人建立相应的条码或者标识，以此有利于用户之间的区分，以及日常数据查询的权限。第二，为了充分地发挥校友档案的实际作用，可以利用 4G 通信技术，尤其是手机、平板等移动终端设备，将无线通信的技术与校友档案管理互动网络平台进行有机结合，以此强化沟通、交互的及时性。第三，为了更加便捷和快速地建立校友档案平台，技术人员可以使用一些用户的信息软件，比如：用户 PIP 软件或者网页数据快照等相关平台。第四，为了有效地利用校友档案平台，技术人员可以在网络平台上定时发布一些宣传信息和相关资讯，以此实现校友档案信息的共享性，其中涉及的文件和资源，用户可以利用 BT 或者其他资源下载软件。

（二）校友档案管理互动网络平台的具体应用

1. 数据化技术的深入应用

在建立校友档案管理互动网络平台时，数据化技术的应用不仅限于传统的互联网和物联网技术。技术人员应利用先进的数据分析工具，如 AI 和机器学习算法，对校友档案进行深度挖掘，提供更加个性化的服务。通过 RSS、网络书签和 blog 等网络技术，实时更新校友资源，并依据用户行为分析，动态调整平台内容，满足校友不断变化的需求。

同时，IM 技术可用于建立技术咨询和实时互动功能，增强校友与平台、校友之间的沟通交流。用户会员制度应进一步完善，包括实名制注册、用户权限设定、个性化推荐等功能，确保校友档案的安全性和隐私性。

2. 档案平台主要系统的优化

首先，优化档案信息集成系统。强化信息共享和跨平台操作。通过统一的数据标准和接口，实现不同平台和机构之间的信息互通。建立智能化管理模式，利用数据分析工具对校友档案进行智能分类、检索和推荐。功能服务系统应更加多样化，如在线咨询服务、校友活动报名、资源共享等。

其次，优化用户反馈系统。设立用户反馈渠道，如在线调查、评价系统、留言板等，鼓励校友积极提供使用体验和意见。定期分析用户反馈，并将其作为改进平台功能和服务的重要依据。针对用户的个性化需求，提供定制化的服务方案。

最后，优化安全控制系统。严格遵守国家法律法规，对发布内容进行严格审核，确保信息安全。划分校友档案信息级别，设定不同级别的访问权限。完善网络管理制度和规章体系，确保网络环境的健康有序。强化安全技术手段，如用户权限管理、数据加密、病毒防控、访问控制等，确保校友档案信息的安全性和稳定性。

四、医院智慧档案网络平台的构建

（一）构建医院智慧档案网络平台的必要性

1. 提升档案管理效率

医院作为一个业务量庞大的机构，传统的纸质档案管理方式复杂繁琐。在档案的收集、整理、存储、归档等过程中，容易出现档案遗失、混乱等问题。智慧档案网络平台通过采用信息化手段，实现了电子病历的全面覆盖，减少了纸质病历的使用，从而提高了信息检索的便利性和医生的工作效率。

2. 强化数据安全性与隐私保护

医疗档案中包含大量的个人隐私信息，如何确保档案安全性和隐私保护成为医院档案管理中的一大难题。智慧档案网络平台通过设置三类权限用户，进行精细化权限分级管理，同时采用数据加密传输、防火墙等技术手段，有效防止非法入侵，为电子档案数据提供了可靠的保护体系。

3. 实现档案资源的高效利用

智慧档案网络平台通过数据挖掘与主动推送技术，可以对数据进行深度分析，让数据产生关联、生成信息、变成智慧，实现主动推送、有针对性的推荐。这不仅提高了档案资源的利用率，还为医院管理、政策研究、文化建设等提供了有力的数据支持。

4. 实现档案的智能化管理

智慧档案网络平台集成了档案管理系统、档案环境智能控制系统、档案智能安防系统等功能，实现了对档案的收、管、存、用全业务流程管理。同时，通过与视频监控、红外检测、门禁管理等设备的联动及统一管理调度，实现了对档案库房及各类设备的实时监控与管理，确保了档案实体资源与数字资源的集中建设与管理。

5. 提升用户体验

智慧档案网络平台通过身份权限管理，为工作人员和外来人员发放 RFID 门禁卡，实现了身份标识和查阅权限操作。同时，平台采用精准的定位检索和快速盘点功能，可以快速精准地定位档案位置，提高用户的使用体验。

综上所述，构建医院智慧档案网络平台是提升医院档案管理效率、强化数据安全性与隐私保护、实现档案资源高效利用、实现档案的智能化管理以及提升用户体验的必要手段。在当前信息化、数字化快速发展的背景下，医院应积极投入智慧档案网络平台的建设与应用，推动医院档案管理的现代化和智能化。

（二）医院智慧档案网络平台的构建

1. 明确建设目标和需求

需求分析：

在构建医院智慧档案网络平台之前，首先要进行详尽的需求分析。这包括深入了解医院现有的档案管理流程、档案的种类（如病历、行政文件、医学影像等）、数量、存储方式（纸质、电子等）、访问频率以及未来可能的发展趋势。通过深入了解，确保智慧档案网络平台能够满足医院的实际需求。

目标设定：

在明确需求的基础上，设定具体的建设目标。这些目标可能包括提高档案管理效率，降低人力成本；加强数据安全保护，确保患者隐私不被泄露；实现档案资源的高效利用，为医院管理、科研等提供有力支持；优化用户体验，提高用户满意度等。

2. 制定系统设计方案

系统整体架构：

设计一个分布式系统架构，该架构应包含档案数字化管理子系统、档案存储与检索子系统、档案访问与运维子系统以及安全与权限管理子系统。每个子系统都应具有高度的可扩展性和可维护性，以适应医院业务的不断发展。

档案数字化管理子系统：

该子系统负责将传统纸质档案转化为电子档案，并进行全面的管理和维护。通过扫描、OCR 识别等技术手段，实现纸质档案的数字化转换。同时，该子系统还应提供电子档案的编辑、审核、归档等功能。

档案存储与检索子系统：

该子系统应具备高效的存储能力和检索功能。通过采用分布式存储技术，实现海量数据的可靠存储。同时，支持全文检索、模糊查询等多种检索方式，方便用户快速定位所需档案。

档案访问与运维子系统：

该子系统负责用户管理、角色权限管理、档案借阅与归还等功能。通过 Web 或移动客户端访问方式，方便用户随时随地访问档案。同时，该子系统还应提供系统监控、日志审计等功能，确保系统的稳定运行。

安全与权限管理子系统：

该子系统是确保档案安全性和保密性的关键。通过用户身份认证、权限控制、操作审计等功能，确保只有授权用户才能访问和操作档案。同时，采用数据加密传输、防火墙、入侵检测等技术手段，确保档案信息在传输和存储过程中的安全性。

数据可视化查询和管理子系统：

该子系统应具备实现全面的数据可视化功能，包括实体档案、声像档案、电子档案等各类档案形式。通过直观的档案管理界面，方便用户快速了解档案的状态和位置。

3. 打造智慧档案系统平台

档案管理平台：

与 OA 办公自动化系统、HRP 运营管理系统等医院内部系统实现互联互通。通过建立档案全文数据库，实现档案的全流程、全生命周期管理。同时，提供档案借阅、归还、统计等功能，方便医院内部各部门之间的协作和沟通。

数据分析平台：

利用数据挖掘与主动推送技术，对档案数据进行深度分析。通过提供有针对性的推荐和预测功能，实现档案数据的智慧化应用。这有助于医院更好地利用档案资源，为管理决策、科研创新等提供支持。

档案物联平台：

通过物联网技术，实现档案的自动调取、跟踪监控以及档案保管环境的自动监控、自主调节等功能。这不仅可以提高档案管理的自动化水平，还可以降低人为错误和损失的风险。

4. 确保数据安全和隐私保护

身份权限管理：

为工作人员和外来人员发放 RFID 门禁卡或电子身份标识，实现身份标识和查阅权限操作。通过严格控制访问权限，确保只有授权用户才能访问和操作档案。

安全技术手段：

采用数据加密传输、防火墙、入侵检测等多种技术手段，确保档案信息在传输和存储过程中的安全性。同时，建立完善的安全管理制度和应急预案，以应对可能的安全风险和挑战。

5. 优化用户体验

精准检索：

提供多种检索方式，如关键词检索、分类检索、时间范围检索等。通过优化检索算法和索引技术，实现快速精准地定位档案位置。

档案快速盘点：

通过 RFID 手持机扫描档案标签，实现档案信息的快速盘点和核对。这可以大大提高档案盘点的效率和准确性，降低人工成本和错误率。

6. 实施与运维

项目实施：

按照设计方案进行系统的实施和部署。在项目实施过程中，确保系统的稳定性和可靠性，同时满足医院的实际需求。

系统运维：

定期进行系统的维护和升级，确保系统的持续可用性。同时，建立完善的运维管理制度和应急预案，以应对可能出现的故障和问题。通过及时处理系统运行中出现的问题，确保系统的稳定性和安全性。

五、档案网络舆情监测平台建设与应用

（一）档案网络舆情监测平台建设目标与基本任务

1. 建设目标

通过档案网络舆情监测平台对全网档案舆论声音进行实时收集，全面、完整、及时，多维度、系统化地掌握档案网络舆情动态，建立健全舆情快速反应和高效处理机制，不断提高新时代档案网络舆情分析能力，借助网络传播优势科学引导社会舆论，把牢意识形态主动权，更好地提升档案部门社会知名度和美誉度，推动档案事业高质量发展。

2. 基本任务

从技术层面和工作流程上讲，首先要及时发现与档案相关的舆情信息；其次要提供定性定量的档案舆情分析，准确研判具体舆情或者某一舆情专题的发展趋

势；继而及时生成各种统计数据和档案舆情报告，提高档案舆情工作质量和效率，辅助领导决策。基本任务如下：

（1）聚焦档案部门公众形象。关注微博、微信、贴吧、论坛等新媒体中关于档案部门工作作风和服务质量等相关舆情，倾听反映社会档案需求的真实民意民声，为有针对性地改进服务方式、提升服务水平提供参考，促进档案服务更加精细化、精准化。

（2）畅通档案部门交流渠道。档案工作是一项原则性、政策性很强的工作，档案开放、利用、发布，档案捐赠，民众个人档案寄存，档案公共休闲文化等，都与普通民众息息相关。进一步加强档案部门与民众的沟通交流，可有针对性地为档案业务补短板、强弱项。

（3）助力档案资料搜集。通过系统性加强对新媒体中有关档案资料的信息收集，可以帮助档案部门扩大档案征集视野，拓宽档案征集渠道，丰富征集线索和成果，加强档案资源体系建设，促进档案共享利用。

（4）监测档案安全。损害档案的现象或档案违规行为极易引起舆情关注。系统监测此类负面信息，全面收集网民观点，可以帮助档案部门发现违法违规线索，为档案安全事件处理提供舆情数据参考，从而做出合法合规的处置。

（二）档案网络舆情监测平台建设与应用路径

在信息化高速发展的今天，档案网络舆情监测平台的建设与应用已成为档案工作中不可或缺的一环。它涉及法律政策、安全保障、技术应用、成本核算、工作基础、行政组织等多个方面，需要我们全面、系统地考虑。以下将从四个方面深入探讨档案网络舆情监测平台的建设与应用路径。

1. 建设方式的选择与考量

档案网络舆情监测平台的建设方式主要有两种选择：一是用户单位自行建设；二是采购社会化的技术服务。这两种方式各有利弊，但采购社会化技术服务在当下环境中具有显著优势。

首先，从技术应用安全性来看，专业的服务机构拥有经验丰富的服务团队；能够提供全方位、专业化的服务。例如，有影响力的报业集团通常拥有完整的网络舆情监测体系，并且为多家层级较高的客户提供过舆情服务，其技术实力和安全性都得到了验证。

其次，从技术应用先进性来看，服务机构通常具备大数据处理能力和核心技术。他们打造的舆情监测平台，采用先进的垃圾过滤、去重、相似性聚类、情感分析等技术手段，能够实现对采集信息的智能处理。这样的平台不仅用户界面友好、易用、美观，而且支持多终端无缝使用，具有强大的大数据处理能力和即时反应的云平台服务优势。

再次，从实现的主要功能来看，专业服务团队在核心技术的支持下，可实现热点识别、倾向性分析与统计、主题跟踪、信息自动摘要、趋势分析、突发事件分析、统计报告等多项技术应用。这些功能能够极大地提高用户的信息利用效率，为决策提供有力支持。

最后，从用户单位资金投入及成本核算角度来看，采购社会化技术服务通常成本较低、建设周期短、便于协调。这对于用户单位来说，既可以节省大量的人力、物力和财力，又可以确保平台的快速部署和稳定运行。

2. 科学设定检索“关键词”的策略

在档案网络舆情监测平台中，关键词的设定是至关重要的一环。它决定了监测的广度和深度，直接影响着监测的质量和水平。因此，关键词的设定需要专业技术团队和用户单位进行充分的沟通、研究。

一般来说，关键词设定要经历构建期、调整期和维护期三个阶段。在构建期，主要任务是收集用户单位近年来有关档案宣传工作的资料、相关媒体报道和已经发生的舆情事件概况等，然后提交关键词架构方案。在调整期，主要任务是按照提交的关键词架构方案进行试运行，调整关键词的架构、词序，优化关键词组合，提高检索信息的准确率。在维护期，主要任务是根据舆情动向，及时调整关键词方案，确保检索信息的全面性和准确性。

档案舆情监测关键词的设置通常包含三种类型：地域（辖区）类关键词、业务职能类关键词以及档案部门自身感兴趣的社会热点类关键词。这些关键词可以结合档案部门自身需求自由组合、灵活设置，也可以参照、利用《中国档案主题词表》进行设置。

3. 建立健全档案舆情处置机制的重要性

建立健全档案舆情处置机制是确保档案网络舆情监测平台有效运行的关键。档案部门应成立相应的职能机构或指派专人对形成的档案网络舆情报告进行及时核对、调查，并依法依规进行高效处置。在此过程中，要切实贯彻落实习近平总书记重要指示精神，对建设性意见要及时吸纳，对困难要及时帮助，对不了解情况的要及时宣介，对模糊认识要及时廓清，对怨气怨言要及时化解，对错误看法要及时引导和纠正。

此外，档案部门还应将互联网作为与群众交流沟通的新平台，成为了解服务对象、贴近服务对象、为服务对象排忧解难的新载体。同时，互联网也应成为人民民主、接受服务对象监督的新渠道。

4. 定期汇集舆情信息的必要性

定期汇集舆情信息是档案网络舆情监测平台持续运行的重要环节。根据档案工作特点和成本核算等因素，档案部门采用“舆情季报”的方式较为适宜。这种方式既可以确保信息的及时性和准确性，又可以减轻工作人员的负担。

同时，要加强舆情报告成果省市县三级档案部门共享机制建设。省级档案部门应承担工作的统筹、协调与组织任务，市县档案部门应积极参与。市县可根据自身工作需要和个性需求，及时向省级档案部门提交检索关键词，以实现自己的监测目标和意图。在舆情报告中，一些内容可能存在敏感性，因此需要按照“内部资料注意保密”的方式进行保管。

总之，档案网络舆情监测平台的建设与应用是一项系统工程，需要我们从多个方面进行综合考量和实施。只有这样，才能确保平台的稳定运行和有效应用，为档案工作的发展提供有力支持。

第四节　档案智慧管理的“一站式服务”模式

一、一站式服务概念

“一站式服务”（One-stop service）最先起源于欧洲国家，简单地说一站式服务就是服务的整合或集成，即客户只要有需求，一旦进入服务网点，所有的问题就会迎刃而解。档案馆一站式服务包括三层含义：一是将所有档案电子化，使档案利用率达到最大化。二是利用大数据、物联网和云计算等现代信息技术，实现在线服务。三是对各个单位和部门的业务流程和工作方式进行优化重组。因此，一站式服务不仅是将档案馆内部管理和运作进行电子化，也是将传统的业务管理模式在一站式服务的基础上进行改造。智慧档案馆是利用丰富的馆藏资源，借助于大数据、云计算等相关的信息技术实现馆际间馆藏资源的整合、传递、共享，使档案馆由封闭、半封闭向资源共享的开放型档案馆转化，毋庸置疑，智慧档案馆一站式建设为档案信息资源提供了共建共享的新型平台，对提升档案工作自身管理水平和扩大档案部门社会影响力具有重要的影响。智慧档案馆一站式服务是档案部门转变服务方式、服务民生、完善档案利用服务体系的重要举措。

二、“一站式服务”实现条件

“一站式服务”不是一个口号，档案馆要实现“一站式服务”需要在软、硬件建设等方面都满足一定的条件。

（一）具备智慧档案馆的各类技术优势

档案馆实现“一站式服务”需要两大支柱：一是技术平台，二是馆藏资源整合与共享。技术是保证，资源是服务的基础，二者相辅相成。各类新技术的应用是实现智慧档案馆“一站式服务”技术条件的重要一环，物联网、云计算、大数据、移动互联网是智慧档案馆目标实现的四大关键新技术，物联网采集数据、云计算处理数据、移动互联网传输数据、大数据挖掘数据。物联网、云计算、移动互联网、大数据的集成应用将推动智慧档案馆的充分应用和模式创新，也是实现智慧档案馆“一站式服务”的必备条件。

（二）馆藏档案数字化和数据库建设

馆藏档案数字化是实现智慧档案馆“一站式服务”的资源保障和利用前提；档案数字化是智慧档案管理的前提，是实现“一站式服务”的基本前提；档案数字化从案卷目录的信息化逐渐过渡到全文信息数字化，全文信息数字化是实现全文检索及在线利用的前提条件。

2000年,我国制定了《全国档案事业发展“十五”计划》,其在“工作任务——档案信息化建设”中明确提出:“加快现有档案的数字化进程。在北京、天津、辽宁、上海、青岛等地开展档案工作应用数字化和网络化技术的试点。”同年又专门制定了《全国档案信息化建设实施纲要》，提出:“积极推进档案数字化进程，加强对珍贵、重要档案的保护，提高档案利用的效率和水平。以现实需要为前提，分阶段、分步骤实施。首先开展档案数字化工作试点,实现馆藏重要纸质档案和照片、录音、录像档案的数字化，并在馆内建设数字化综合应用平台。其他有条件的档案馆也要进行这方面的研究和探索。”从我国现状来看，无论是从顶层设计上、技术上、政策上，还是在全国范围内全面进行档案数字化的条件已经成熟。档案馆藏的全面数字化方便了档案馆之间的信息共享，能为“一站式服务”提供强有力的内容保障，馆藏档案数字化以后，再通过设定标准数据项和数据采集与整理，就可以形成专门的数据库，只有建立专门的数据库，信息分析系统才可以在数据库中检索各类关键数据，通过智能化系统完成数据的自动聚合、链接推动业务。

（三）建立“一馆受理，跨馆联动”的协作机制

实行“一站式服务”，就是要让查档者少跑路和实现异地查档、在线服务的服务模式，因此基于档案智慧管理模式，只能实现单个场馆的档案数字资源的智能服务，如果要真正实现“一站式服务”，必须建立“一馆受理，跨馆联动”的服务协作机制，需要众多的档案馆共同参与资源整合、共享、在线传递，这就需要建立协调机制和凭证互认机制。

三、开展智慧档案馆一站式服务的有效途径

（一）加强档案资源数字化

无纸化办公概念的提出到OA管理系统，尤其是信息化参与到档案工作后，电子档案逐渐被档案管理员接受。各省市档案馆积极推进馆藏档案资源数字化转换，通过数字化采集图片、视频、尺寸、文字描述等内容，实现档案的全文检索

和增量电子档案的网上归档业务。但是由于档案馆档案基数太大，数字档案馆的存量仍不能覆盖整个库存总量100%，因此，智慧档案馆应加强档案信息资源数字化，先努力实现档案数字化存量100%的目标，再谈利用智慧为利用者服务的目标。

（二）搭建档案资源网络平台

相较于国外，我国在档案信息化起步较晚，但我国始终本着“开放、协同、共享”的理念。现代社会中，人们已经不局限于“你来我找”的传统方式，档案利用者更追求高速、便捷的人性化服务。目前，大多档案馆已经逐步建成了以信息化为核心的档案信息管理系统。比如辽宁省档案馆新馆投资298.8万元，项目周期历时半年，建成馆藏档案综合管理系统、电子文件管理系统、互联网信息采集管理系统、已公开政务信息管理系统等。功能覆盖档案收集、整理、移交、接收、审核、归档、入库、保管、查询、利用、转出、鉴定、销毁等档案工作全过程管理平台，能实现馆藏档案资源数字化、档案行政事务的智能化、电子档案信息的全生命周期安全化、档案信息资源的信息化存储等，完成档案资源的集成管理，让不同地域的需求者都能在线浏览、检索、利用。

（三）增强馆际合作实现跨库检索

馆际共享合作模式一般包括联合购买、整合档案馆资源、构建联合索引、馆藏资源互递、馆际间的参考咨询服务等形式。为了实现“让档案多跑路，让群众少跑腿”的目标，馆际合作以建立档案跨馆服务系统为突破口，推进区域数字档案信息共享，努力打破查档地域、部门限制，积极打造档案“一站式”服务平台。面对浩如烟海的电子档案，云计算的嵌入为档案信息资源共建共享奠定了坚实的基础，云端作为一个大型的信息资源存储库，用户有利用需求时，可以通过云终端快捷查找到所需的信息资源。无需考虑是否为本馆资源，馆际合作社各个档案馆可以同时共享云空间的档案信息资源，实现了跨区域、跨部门、跨系统的检索。

（四）新型信息技术的嵌入

智慧档案一站式建设需要新兴信息技术的支撑。其中以大数据、移动互联网等嵌入为主，充分挖掘档案资源，实现档案业务流程的智慧化管理与应用，实现一站式检索服务。首先，大数据技术的嵌入。使用大数据作为核心技术支撑的档案馆比例较高，大数据技术是档案信息处理技术2.0版本，其强大的数据分析和挖掘功能，更适合智慧档案馆对数据分析和挖掘的实际需求，大数据技术对档案信息资源收集、保管、利用等环节都具有重要意义，由于篇幅问题，不一一阐述。其次，移动互联网技术的嵌入。互联网技术通常可分为前端技术和后端技术两种方式。一方面，前端技术对档案的格式、内容、位置等信息进行标识，利用识别功能对已标识信息进行读取，并将其转化成便于网络传输的数据格式；另一方面，后端技术将加工后的数据信息进行分析处理，对档案属性进行转换，再传输到智慧档案馆的管理系统，同时运用物联网和用户的接口，主动提供档案信息资源个性化利用。最后，虚拟技术的嵌入。智慧档案馆可通过 3D、BIM 等构建出和真实档案馆一致的 3D 场馆，通过虚拟浏览、查找等功能形成完备的档案馆仿真系统。档案用户可在虚拟档案馆各区域游览、检索和查询，并通过虚拟档案馆仿真系统，及时了解档案资源更新情况，实现一站式检索浏览服务。

四、智慧档案馆一站式服务需要关注的四个问题

（一）政策层面

通过调查，80% 以上的档案馆认为政府政策引导和资金支持是最重要的。比如，2014 年，青岛市《政府工作报告》中明确提出“启动智慧档案馆建设”，并于 2015 年投入试运行；张家港市在 2013 年制定了《智慧港城建设工程行动计划》，在 2013—2016 年投入 7 亿元，每年推进 10 个左右的信息化重点项目。这些例子都说明了政府的导向和资金的支持在智慧档案馆的建设中起到了决定性的作用。另外，智慧档案馆的建设也需要招商引资后社会各界力量的参与来完成。

（二）法律层面

智慧档案馆要积极建立智慧档案馆技术应用标准与规范体系，这是智慧档案馆建设的重要保障。比如，在访问接口、数据采集、交换接口、安全保密和数据开放等方面，依据《中华人民共和国档案法》制定相关的法律和行业标准，对档案跨馆利用的服务方式、利用范围、工作流程、防止泄密等方面作出规定，确保跨馆出具的档案凭证真实有效（目前我国还未形成一部完整的有关智慧档案馆的法律标准）。

（三）人才层面

积极组织档案馆负责人和档案人员参加档案跨馆服务培训班，确保其熟练掌握系统操作规范和流程。档案馆的工作人员不但要有档案学的学科背景，还要有较强的信息处理能力和创新能力，同时，应当与政府、学校和科研单位的专家合作，邀请他们做咨询顾问，充分发挥专家学者的作用。

（四）安全层面

安全层面可分为管理和技术两个方面。一是档案局可以搭建保密专网，利用

政务云平台将上网公开的档案进行严格操控，加强对涉密信息系统和涉密载体安全保密管理，强化网络和电子档案安全，确保电子档案的真实性、完整性、安全性。二是注重以智慧档案馆中的智慧监控建设来强化档案信息安全，对档案进行电子化识别，实现全面监控，利用物联网感知技术确保档案不出现非正常移动。以江苏省太仓市档案馆为例，该馆每一卷档案都被粘贴上电子标签，如同人们的“第二代身份证”，电子标签记录了档案的身份信息，可以自动获得档案的相关数字信息，完成实体档案与数字档案实时转换。

五、“一站式”档案公共服务平台建设

（一）平台建设的主要研究内容

平台的搭建应以“一站式”档案公共服务平台建设为研究对象，以平台的整体设计、组织架构、功能布局、编码开发、网络传输、法律效力和安全保障为主要研究内容，支持接入档案业务专网、各级政务网、门户办公网及“三微一端”，通过“互联网 + 档案”的技术路径，着力打造档案查询利用服务“一网通办”的便捷模式，满足不同行业档案管理与服务的需求。

1. 总体设计

应主要围绕平台建设的用户端、审批端（管理端）两大模块实施技术研发。用户端使用 Eclipse 和微信开发工具，使用微信入口，通过微信身份认证后，系统完成对用户个人必要基本信息及查询需求信息的收集。审批端使用 Java、JavaScript、HTML5 开发语言进行编译，采用 B/S 结构，实现对查档数据的审核、受理、回复。管理端与审批端用同一程序完成，以用户权限区分使用者身份，赋予相应角色以业务数据统计分析、角色管理、参数设置、数据备份等管理权限。

2. 组织架构

平台的组织架构要坚持科学性与可操作性并重，要从展现层、应用层、数据层、业务层四个方面提升平台运行能力。

3. 功能布局

平台功能主要从两个方面进行布局，分别是用户端和审批端。用户端即档案用户通过访问服务平台，查看档案部门的消息动态，提交查档诉求。用户端的开发要支持计算机的部署，同时也要支持移动终端微信软件上的部署，这样既免去了用户需要记忆网址的烦恼，又无需另外安装软件，便于用户使用，这也是目前公共事业服务的主流方式。审批端使用 B/S 的结构开发，工作人员通过访问 IP 地

址登录使用，无需另外安装应用程序，最大程度方便工作人员。

用户端（移动端）功能：包括信息发布功能（档案服务指南、工作通知动态等信息的发布）；查档用户个人信息收集功能；档案利用需求信息收集功能；查询结果的查看、收取、有效性验收等功能。

审批端（PC端）功能：包括查档用户基本信息的查看功能；档案查询详情的查看、编辑、受理功能；查询业务的工作分流功能；利用服务过程记录功能；工作人员及查档用户的登录日志功能；业务数据统计分析（指定期限内的工作量、查档类型、事由等）功能；利用效果反馈功能；档案证明的生成、编号、签章、封装、验证功能；平台注册及业务办理的信息通知功能；平台数据导出备份、功能平台的参数配置、数据字典设定等功能。

4. 编码设计

平台拟采用Java、JavaScript、HTML5语言进行编码设计，数据库运用Mysql5.7，Web容器为Tomcat9，开发工具使用Eclipse、微信开发工具和Navicat软件。

5. 网络传输

平台的网络和数据中心可以选择本地部署，即服务器部署在本单位或本系统的信息管理部门，也可以采用云部署的方式，选用阿里、腾讯或百度等知名服务商，使用SAS型网络模式，传输系统采用100M线路作为网络出口带宽，以确保平台的流畅性。

6. 法律效力

法律效力是平台建设要做好的重要内容之一。确保档案公共服务平台运行及业务受理全过程的法律效力：一是网站域名要及时按照国家相关要求完成备案，平台所涉及的微信公众服务号要做好官方认证；二是档案服务结果及档案证明的有效性要具有充分保证，平台的开发应综合运用权威的CA数字认证、经办人签章认证、二维码验证等数字技术，确保每一份档案证明的有效性。

7. 安全保障

一是平台开发使用主流开发语言及工具，保证系统无软件漏洞；二是平台要通过网安部门的漏洞筛查检测后方可运行，最大限度地避免受到网络黑客和病毒的攻击；三是系统有自动和手动备份两种不同功能，平台管理要做好业务数据的定期异地、异质备份，同时启用双机热备的容灾系统。

（二）平台搭建的主要技术指标

1. 平台开发的标准性和通用性

在贯彻落实《中华人民共和国档案法》的基础上，平台的开发既要遵循国家档案局《档案移动服务平台建设指南》《政务服务事项电子文件归档规范》等国家要求，遵循流行的J2EE技术体系，采用的开发语言如Java、JSP、Servlet等，同时也要遵循标准通信协议等国家标准。技术的发展日新月异，平台在技术通用性方面，努力使系统在迭代过程中快速实现底层技术的切换和升级，并跟上业务需求发展的脚步，降低技术开发成本，提升开发效率。

2. 平台运行的流畅性与稳定性

平台要经过并发量与连接数的稳定测试，设定同时在线用户数为30—100个，高峰访问量500次/日，平均访问量150次/日，静态信息量在只安装未运行任何服务时，占硬盘容量10G；动态信息量在只运行系统、数据库、服务，无外联设备时，占硬盘容量30G。在给服务器合理分配磁盘空间的同时，保证平台运行流畅、系统稳定。

3. 平台设计的先进性和扩展性

平台开发要采用先进的业务设计思想，采用国际主流的计算机语言开发，采用国际先进的互联网技术和系统结构来建设。平台采用的网络协议、信息格式、接口标准，应符合国际软件开发标准，保证系统能与其他系统进行快速、顺利地信息交换，以便实现平台未来的扩展。平台中各项主要功能采用模块化设计，降低耦合度，同时还要预留二次开发接口，方便进行升级和二次开发，增加新功能。

4. 平台对第三方软件及硬件环境的兼容性与适配性

平台支持 Microsoft Word、Microsoft Excel、Microsoft Power Point、WPS、Adobe、Jpeg、bmp、png等文档和数据格式；支持所有主流的Web服务器和Web浏览器；支持所有的主流Unix平台、Linux平台、Windows NT操作系统；支持跨平台运行的体系架构，以便轻而易举地解决信息发布系统与原有系统间的信息更新与数据导入问题，具有较高的兼容性与适配性指标。

5. 平台应具有较高的易维护性与可管理性

考虑到各单位档案服务人员业务较为繁忙，存在人员不足、专业受限的问题，平台的设计要充分考虑维护的简单性和管理的便捷性，以其较高的易用性与适用性，为使用单位节约管理人力与成本，最大限度上方便业务工作。

6. 平台用户体验的受用性与便捷性

一个出色的业务平台不仅能够流畅地完成业务工作，提高现代化、规范化管理的水平，完成主管单位的运行目标，而且要给用户及管理人员良好的使用体验。这就要求开发者不仅要在功能设计上达到一定的要求，而且要在细节上下功夫，如界面的布局与配色，菜单的划分与应用，按键的数量、名称与样式，鼠标移动的距离，插件、控件、快捷键的使用等。每一处细节都和用户的体验感密切相关，提升用户的使用体验，就是提高平台的易用性和受用性，帮助档案部门营造一种放松舒适的现代化办公氛围，对舒缓工作压力、提高工作效率是有益的。

7. 平台的安全性与可靠性

基于互联网的应用系统，安全性是必须引起高度重视的问题之一。首先，使用先进且主流的计算机编码语言对平台进行技术开发，从基础上保证平台的安全。其次，在平台的设计上要求访问用户必须经过腾讯网和电信系统的双方实名认证体系之后，方有档案查询权限；在审批人员的管理界面，会采用适中难度的登录验证，保证管理账号的安全。再次，平台必须有自动备份与手动备份功能，支持管理员实时将数据备份到指定地址和存储介质。最后，平台还将应用第三方安全策略用于安全保障措施，防止非管理人员对平台的操作。

六、民生档案信息实现一站式服务

（一）民生档案信息实现一站式服务的必要条件

1. 民生档案资源的整合与共享

民生档案主要是与民生服务相关的档案总称，目前主要是各类政务类档案。目前的政务类档案的形成部门，主要为各级政府机构。按照我国的档案管理体制，各级政府机构形成的各类政务类档案必须定期移交各级综合档案馆，这是民生档案资源的整合与共享的必备条件，只有实现同类民生档案资源的整合，民生档案形成部门、各级综合档案馆才能在一个数据共享平台上，利用各类在线技术为百姓提供民生档案的利用服务。

2. 业务流程的整合与简化

目前，百姓利用各类民生档案，主要目的还是为了完成各类审批、审核业务，这些审批、审核业务的受理单位主要是政府机构，因此民生档案的形成单位、综合档案馆、政府信息服务部门（政务中心），应该仔细梳理各项业务办理的具体流程，对一些群众办理业务量大的审批业务具体流程进行整合和简化，减少不必要的证明材料、审批手续。在服务中，要列出全流程的所有环节，明确各环节的涉及部门和需要提供的材料。例如，群众在综合档案馆查询政务类档案时，应告知相关业务办理的流程，让群众一次性补齐材料；各级综合档案馆应尽可能在政务中心开设档案服务窗口，通过政务内网的数据传递，为群众在政务中心的业务办理直接提供在线查档业务，同时业务涉及部门将业务流程整合后，力求让百姓提供的材料实行一次性提交。

3. 服务方式的创新与协调

由于各地政府信息化服务和各级综合档案馆信息化水平，都存在很大的差异性，因此民生档案“一站式服务”在推进中也存在很大差异性。但是，各地可以根据实际情况，推出不同的创新服务举措，不断提升档案便民服务水平和改进服务方式。

（二）推动民生档案“一站式服务”的具体举措

1. 各级综合档案馆积极融入政府“一站式服务”的体系中

目前，基层政府在便民服务中，在市县区范围内都建立政务服务中心，推进民生服务业务流程的集中一站式办理，积极推进“一窗受理、并行办理”模式，实现从“多头找部门、多次办理”到“一窗受理、一次办理”的转变。各级综合档案馆，作为各级政府最大的公共档案保管和利用中心，保管了大量的民生类档案，尽管有些民生档案的数据归档仍然存在数据回溯性和变更性，但是各级综合档案馆的民生服务必须不断地融入政府一站式服务体系中。第一，如果条件允许，各级综合档案馆可以在市、区、街道等辖区内的政务中心开设档案服务窗口，将查档流程直接融入业务流程的集成管理中，百姓可以在大厅窗口人工查档，或者在自助式查档数据终端上直接操作获得档案数据。第二，各类民生档案通过数据整合和共享，以“外网受理、内网查档”的方式，多部门联动在线查档，由业务受理机构和各级综合馆按照建立的协调机制，在线完成联动查档，真正让百姓少跑路，让信息多跑路。

2. 优化档案资源利用体系，加强区域性民生档案专题数据库建设

目前，各级政府正在推进的“一站式服务”，就是将一些与百姓生活密切的审批类业务进行集中式的审批。我国目前的县级及以上行政区综合档案馆，已经形成了一个完整的公共档案资源体系；同时，县级及以上行政区的各级行政机构也形成了一个完整的政府机构体系，相应也形成了业务档案资源体系。这些不同的公共档案资源体系，存在着一定的交叉性，各级综合档案馆都会保管本行政区的一些公共政务档案。因此，从各级政府的一站式服务机构来看，各级综合档案馆的馆藏档案资源必须纳入“一站式服务”资源体系中，才能最大程度地发挥综合档案馆的服务职能。

第一，各级综合档案馆的资源，完全可以形成一个完整的档案资源体系。例如，全省范围的综合档案馆资源体系、全市范围的综合档案馆资源体系等。长三

角地区三省一市的民生档案“异地查档、便民服务”业务，就是在各级综合档案馆形成的资源体系基础上，通过协作机制实现体系内资源共享和跨馆服务。第二，各级政府机构的业务系统，本身也是自成体系的。一些利用率较高的民生档案专题数据库，必须首先依靠各级政府的业务部门实现资源整合，并建立专门数据库，与各级综合档案馆的数据实行对接，才能为区域性的民生档案一站式服务奠定基础。例如，利用率较高的婚姻登记档案、不动产登记档案等，必须在地级市辖区内建立专门的数据库，再将省内各地级市的同类民生档案专题数据库进行联网，才能实现在全省范围的专题数据库统一查询。

3. 利用馆际联动查档优势，实现民生档案信息的跨区“一站式服务”

我国的各级综合档案馆设置，主要是基于行政层级设立的，省内一般设省、市、县（区）等综合档案馆，接收本行政区公共档案。随着信息技术的发展和民生档案服务的需求，跨区及跨馆查档服务已经成为百姓的迫切需要。例如，随着社会不断发展，婚姻登记、养老保险、医疗保障、不动产统一登记、知青、人口等档案的异地查档需求日益增多。异地查档不仅给百姓造成了很大的人力、财力负担，而且效率十分低下。因此，目前的民生档案信息服务迫切需要建立馆际联动查档机制，通过各级综合档案馆与政府各级机构的合作，通过政府信息服务平台，努力实现跨馆的档案信息“一站式服务”。依据目前的政府信息化水平，首先在地级市（省辖市）范围内实现跨区（县）的档案信息“一站式服务”，实现百姓在其中的一个档案馆窗口能够查询到联动机制内的异地综合档案馆的信息。其次，积极鼓励省内地级市（省辖市）的各个区县级的综合档案馆实现馆际合作，力争早日实现浙江模式的“一馆受理，百馆联动”。

4. 利用智慧城市建设平台，档案信息在政府数据平台上实现在线服务

2012 年以来，我国许多地级市（省辖市）纷纷开展智慧城市建设，充分利用现代信息技术，打造城市的智慧服务平台，积极整合本区的各类公共信息资源，为广大市民和政府机构提供便捷服务。在智慧城市建设中，通过政府数据大平台，努力建设审批服务的在线服务平台，实现线上“一网通办”，线下“一门通办”，推行“一站式服务”。力求借助智慧城市建设，做到“小事不出社区（村），大事不出街道，重大疑难问题区政府解决”。

例如，厦门市作为全国首个信息共享无障碍城市，努力实现政务数据应汇尽汇、共享开放，推动智慧城市不断向深层次发展。第一，市政务数据中心汇聚了公共服务、信用体系建设、全民健康保障等 14 个重点领域的 7217 类 1.45 亿条数

据，包括人口信息、营业执照信息、社保卡信息、不动产信息等。第二，建成市民、法人、空间、信用、视频等基础数据库，入库数据超 2 亿条。第三，搭建了跨部门、跨层级的政务信息共享协同平台。厦门采用“沙箱模式”突破，让共享信息“可用但不可见”。以积分入学办理为例，申请人只需在网上填写社保、务工、房产等相关事项的申报，系统便会将信息打包送到各有关主管部门进行在线核验，再把结果反馈给经办人，经办人得到结果而看不到政务数据内容。第四，充分利用移动数据终端，整合各类“掌上办”事项，作为“一站式”服务窗口。

因此，在智慧城市建设中，政府的政务数据中心发挥着数据整合、数据共享、数据服务的积极作用。综合档案馆在智慧城市建设中，作为政务档案数据的接收和保管中心，必须努力融入政府的一站式服务中，实现馆藏档案数据接入政务数据中心，通过各类数据终端为百姓服务。第一，政务服务部门要规范各类业务流程，将档案馆部门明确为其中一个业务流程，在业务数据集成服务中为档案数据部门留有数据接口，与各级政务服务中心数据对接。第二，综合档案馆要积极整合一些重要的民生档案专题数据库，规范档案数据的在线审核制度，积极融入智慧城市建设中的一站式服务体系中，在各类业务审批流程中及时完成对口衔接的在线审核、在线服务业务。

第四章

智慧档案馆的建设和管理

第一节　智慧档案馆研究进展

一、智慧档案馆的概念和特征

（一）智慧档案馆的概念

关于智慧档案馆的概念，档案界目前并没有一个统一的定义，有研究者从信息技术的视角对智慧档案馆的概念做出了界定，认为智慧档案馆是采用物联网、云计算等最新技术对多元化的档案资源进行智慧管理，具备感知与处理档案信息的能力，并且能够提供档案信息管理系统泛在化业务服务的新型虚拟档案馆。也有研究者指出，智慧档案馆是在大数据分析背景下的第四代档案馆，是继数字档案馆之后档案信息化发展的更高形式。智慧档案馆是指将物联网技术、云计算技术、大数据挖掘与分析等现代智慧管理技术渗透到档案管理的各方面，以多元化的档案信息资源为基础，实现档案管理与公共服务全方位的互通互联，进而为利用者提供高智慧化服务的更高级、更新型的模式。

（二）智慧档案馆的特征

1. 档案管理智能化

第一，高效反应与互动。智慧档案馆通过先进的信息技术，如大数据分析、人工智能等，能够实时分析档案用户的需求和偏好，并据此提供个性化的服务。这种与用户之间的实时交流，使得档案馆能够迅速、准确地响应各种需求，提高了服务的针对性和效率。

第二，信息互联互通。在智慧档案馆中，各类智能系统和设备被广泛应用，如 RFID 技术、智能存储设备等。这些系统和设备之间通过统一的标准和接口实现信息的互联互通，使得档案信息的采集、存储、管理和利用更加便捷和高效。

第三，智能自维护。智慧档案馆具备强大的自我检测、自我修复、自我调节和自我防范功能。通过内置的智能诊断系统，档案馆能够及时发现并解决各种潜在问题，确保系统的稳定运行和数据的安全可靠。

2. 沟通感知泛在化

第一，物联网技术的运用。物联网技术为智慧档案馆提供了强大的感知和互联能力。通过部署各种传感器和智能设备，档案馆能够实时感知和监控馆内环境、设备状态以及档案资源的流动情况。同时，物联网技术还促进了档案馆与企业、用户之间的互联互通，使得档案信息资源的共享和利用更加便捷和高效。

第二，全方位感知。在智慧档案馆中，人与人、人与物、物与物之间的感知实现了全方位覆盖。这种感知能力不仅提高了档案管理的精细化和智能化水平，还为用户提供了更加便捷、舒适的服务体验。例如，用户可以通过手机 APP 或智能设备随时查询档案信息、预约服务、在线支付等。

3. 档案开发利用智慧化

第一，主动服务模式。智慧档案馆改变了过去被动等待用户查询的服务模式，主动挖掘档案资源的价值，为用户提供个性化的推荐和服务。通过智能编研工具和素材库的建设，档案馆能够引导用户进行智能编研，进一步丰富档案资源的种类和数量。

第二，创新利用方式。智慧档案馆不仅提供了传统的档案查询和借阅服务，还通过数字化、网络化等手段创新了档案资源的利用方式。例如，用户可以通过在线展览、虚拟现实等方式更加直观地了解档案内容；同时，档案馆还可以将档案资源与其他信息资源进行整合和关联分析，为用户提供更加全面、深入的信息服务。

综上所述，智慧档案馆的特征体现在档案管理智能化、沟通感知泛在化和档案开发利用智慧化等多个方面。这些特征不仅提高了档案管理的效率和质量，还为用户提供了更加便捷、舒适的服务体验。

二、智慧档案馆研究现状

（一）智慧档案馆研究内容

1. 与数字档案馆的关系研究

学界存在升级论、并行论两种观点。绝大多数学者认为智慧档案馆是数字档案馆的升级版，比数字档案馆更全面互联、更智能互动。少数学者认为智慧档案馆与数字档案馆是并行存在的关系，但有相互支持和配合的交集，智慧档案馆为数字档案馆提供智慧化和感知化等技术服务，数字档案馆为智慧档案馆提供基础数据支持。

2. 技术应用研究

学界对智慧档案馆应用新一代信息技术的认识比较统一，认为智慧档案馆主要应用了采集数据的物联网技术、处理数据的云计算技术、传输数据的移动互联网技术、挖掘数据的大数据技术等四大关键技术。智慧档案馆利用物联网技术识别采集、传感通信、融合处理档案馆服务设施、档案实体、工作人员和来访者的信息数据，使整个档案馆成为一个感知系统；借助云计算平台把不同档案馆之间的数据以及数据处理的任务全部交给网络进行分布式并行处理，构筑信息共享空间，实现资源整合；应用大数据技术对档案数据深度挖掘，推动档案管理精细化、档案资源与用户需求的双向控制最优化。近年来，人工智能、虚拟现实、区块链等技术被引入智慧档案馆研究。其中，人工智能技术强化驱动智慧档案馆个性化服务；应用 VR 技术创新档案利用服务，增强档案信息传播效益；应用区块链技术创新文件档案管理，参与打造多主体协同的新型社会治理机制。

3. 构架设计研究

学界对智慧档案馆构成系统及其组件之间关系进行了深入探讨，从技术层面架构了不同层级的结构模型。薛四新等提出“双层四系统”框架结构，从技术层和应用层两个层面建设档案仓储系统、支撑保障系统、智慧管理系统和智慧服务系统；杨智勇等提出“四层”结构模型，感知层综合感知，融合处理档案实体、档案内容、档案管理；数据层对海量档案数据进行格式转换、安全存储和智能存取；平台层实现档案资源的集约管理和全面整合；应用层集成服务和智慧启迪。田雷提出“7（层）+2（体系）”技术框架，重点讨论了在用户层、终端展示层、应用层、平台层、网络层、设备层和感知层的物联网技术应用与智慧档案馆的标准规范体系和安全保障体系建设；蒋建峰结合张家港智慧档案馆建设实践，总体设计“感知层、通讯层、分析处置层、服务层”四层功能架构；杨艳从档案感知与获取系统、档案馆管理系统、档案智能服务系统以及档案文化社区四大系统着手全面构建智慧档案馆信息系统。

4. 建设模式研究

智慧档案馆建设模式是学界关注的重点。迟伟凡等提出智慧档案馆的“物理管理平台、逻辑管理平台、信息发布平台”的三大平台与“获取数据——云计算——智慧化”的思维路线相结合，形成三位一体的智慧档案馆发展新模式。莫家莉等提出构建以文化价值协同为核心、制度协同为保障、管理协同为基础、技术协同为支撑的“四位一体”协同模式；罗琳娜提出构建泛在智能为主导、个性共享为重点、知识创新为目的利用服务模式；钱毅提出智慧档案馆馆库环境域、设备设施域、档案载体域和档案内容域等全域对象与智识、智理、智联、智能、智慧五个建设层级的对象——层级模型。

（二）建设实践现状

从时间线上看，智慧档案馆研究和实践基本上同步进行。当前智慧档案馆相关研究正由宽泛到具体、由理论到实践，研究内容逐渐深入。智慧档案馆研究取得不少成果,但尚未形成完整的理论体系。研究成果还没有被国家档案局完全采纳，学术研究多于政策指导，宏观性研究多于具体主题分析，理论研究无法完全跟进实践建设。当前档案信息化的重点是建设数字档案馆，并实现部分智慧功能。

智慧档案馆建设首先要有政策依据。公开资料显示，在国家档案局的各种政策文件和技术规范中，还没有出现“智慧档案馆”用语，“数字档案馆”才是正规称呼,《数字档案馆建设指南》是指导全国档案信息化建设的基本政策与标准依据。这表明智慧档案馆建设基本上还没有正式纳入国家档案局政策指导，也符合智慧档案馆是数字档案馆的高级模式，当前以建设数字档案馆为重点的档案信息化现实。在进行数字档案馆建设的基础上，部分省市正在进行智慧档案馆建设。

鉴于国家政策现实，智慧档案馆建设更多地体现为数字档案馆建设的功能拓展。虽然国家档案局没有正式组织过智慧档案馆的评估测试，但全国范围内的数字档案馆测试工作一定程度上能说明智慧档案馆的建设趋势。数据显示，“十三五”时期，全国数字档案馆建设取得可喜成绩，共建成 41 家全国示范数字档案馆和 89 家国家级数字档案馆。我国有各级各类档案馆 4000 多个，通过国家认证的数字档案馆才 100 多个，数字档案馆总量不够，总体水平不高。智慧档案馆建设有迫切的现实需要，地方多有探索，但缺乏国家层面的政策支持，整体推进相对较慢，还处于起步阶段。

三、智慧档案馆建设待完善关键点

智慧档案馆建设存在理论不完善、政策不明确、现实条件不充分的问题。在建设理念、技术应用、功能定位、法规标准、人财保障等方面有不少具体问题有待解决。

（一）价值导向偏离

档案服务模式是档案服务系统各组成要素之间相互关系的组合。在各要素中，服务观念起引领作用，决定了档案主体的行动。很多智慧档案馆建设一开始就是从档案部门的角度出发，以方便档案管理者提高管理效率为中心，着眼点停留在管理、技术、资金、人才方面，不太关注档案用户的需求体验。档案管理者的努力往往得不到用户的响应与认可，投入巨大的档案数字化成果的利用效率并不高，甚至导致“数据黑洞”。智慧档案馆的价值最终要通过满足档案用户的需求来实现，固守“馆员中心”模式的档案服务价值观导向偏离了智慧档案馆建设的服务宗旨，必须坚持“用户中心”理念，最大限度地满足用户的档案信息需求。

（二）技术主义倾向

智慧档案馆本身就是信息技术发展的产物，学界研究侧重“智”忽视“慧”，热衷于对智慧档案馆构架设计、新一代信息技术应用的宏观描述，对人的元素，对服务对象的知识服务需求缺乏系统探索。在建设实践中，许多档案管理者不具备信息技术背景，面对智慧档案馆技术选择时，要么对技术有着莫名的崇拜，要么被一些技术公司误导，认为采用越先进的技术就越体现智能化水平。这难免导致技术追求缺乏理性，不深入思考用户对技术的需求性。另外，智慧档案馆运用的相关技术随时代而不断发展进步，资金的大量投入甚至会导致采用的技术不能适应形势发展，对智慧档案馆的运维管理产生一定风险。如随着全文检索技术的发展，绝大多数查档能在档案信息管理系统中在线完成，不需要进入库房查找档案实体，使得高成本的 RFID 技术应用初衷大打折扣。技术只是手段和工具，而它的服务对象的需求才是智慧档案馆建设的本质。对新技术的膜拜极有可能导致本末倒置，过分强调技术，将会偏离档案馆及其档案工作的本质。

（三）功能定位偏差

智慧档案馆的“智慧”有追求硬件、软件系统的外在智慧，也有追求业务流程的内在智慧，能实现档案馆信息化管理的全面化、馆藏资源管理的精细化、档案业务实现感知化和档案信息服务知识化。其特征可从外在与内在两方面来理解，外在特征是基于现代信息技术的互联和感知，形成的一种跨系统应用集成、跨部门信息共享、跨库网转换互通、跨馆际信息交流的服务与管理新形态；内在特征是以人本理念为支撑的绿色发展和优质服务，在任何时间、任何场所能高速便捷地满足政府、公民、社会对档案信息和知识资源的需求。由于内在智慧实现难度远比外在智慧大，外在智慧成果显示度高，建设者虽保持着对内在智慧的渴望，却不可避免地将软硬件系统建设放在首位，一定程度上忽略内在智慧的实现，建成的智慧档案馆华而不实，无法彻底改变档案供给失衡的现状。对智慧档案馆建设目标的理解偏差和功能定位模糊，是智慧档案馆形象建设大于实质内容的重要原因。

（四）法规标准有待完善

与学界对智慧档案馆研究热度相比，业界的政策指导明显落后，智慧档案馆建设缺少国家政策层面的顶层设计，在国家档案行政部门的官方文件中，很少有对“智慧档案馆”的正式表述。《中华人民共和国档案法》《“十四五”全国档案事业发展规划》《数字档案馆建设指南》《数字档案馆系统测试办法》等国家档案法规标准中，全部使用“数字档案馆”称谓。这表明，现阶段智慧档案馆还没有取得国家层面的共识。国家档案行政管理部门可能认为智慧档案馆只是对数字档案馆的功能提升，本质上仍是数字档案馆。一些省市宣称建设智慧档案馆，并出台相关的政策措施，实际上都是借智慧档案馆之名，按照数字档案馆标准建设，普遍存在名不副实的现象，即使通过了国家档案局数字档案馆测试，也多表现为数字化水平低、智慧化技术应用不足、评价指标缺失等。总体上讲，目前全国尚缺乏明确的政策规范、相应的技术标准和统一的规划，各地智慧档案馆建设无法可依，基本处于各行其是的状态。

第二节　智慧档案馆建设的必然性及建设思路

一、智慧档案馆建设的必然性

智慧档案馆建设的必然性在当今信息化、数字化的时代背景下显得尤为突出。这一趋势不仅源于档案本身的重要性和特殊性，更是受到数字转型的迫切需求、相关政策的有力推动以及用户信息需求的知识转向等多方面因素的共同驱动。

首先，数字转型的迫切需求是智慧档案馆建设的首要推动力。随着信息技术的飞速发展，人类社会正在经历一场前所未有的数字化革命。在这一过程中，档案作为记录历史、传承文明的重要载体，其数字化、信息化水平直接关系到档案资源的保存、利用和服务能力。特别是随着“智慧地球”“智慧城市”等概念的提出和实践，档案工作也必须紧跟时代步伐，实现数字化转型。通过采用物联网、云计算、云平台、人工智能等先进技术，智慧档案馆能够实现对档案资源的全面整合、高效管理、智能利用，从而提升档案管理水平，满足社会对档案信息的多样化需求。

其次，相关政策的有力推动也为智慧档案馆建设提供了有力保障。近年来，国家高度重视档案事业的发展，相继出台了一系列政策文件，为档案工作的数字化、信息化转型提供了明确的指导和支持。特别是《“十四五”全国档案事业发展规划》的发布，更是将档案治理体系建设作为“四个体系”建设之首，明确提出要加强大数据、人工智能等技术在数字档案馆（室）建设中的应用。这一政策的出台，不仅为智慧档案馆建设提供了政策依据和资金支持，也为其发展指明了方向和目标。

最后，用户信息需求的知识转向也是推动智慧档案馆建设的重要因素。随着科技、社会的飞速发展，人们对档案信息的需求也在不断变化。传统的档案信息获取方式已经无法满足人们对高质量、高效率、深层次信息的需求。用户更倾向于使用电子档案信息，并通过对相关档案信息的挖掘、分析，提取更深层次的知识或数据，为政府、企业、民众提供决策支撑、数据支撑和政策支撑。因此，档案馆必须紧跟用户需求的变化，向多元化、个性化、精细化、智慧化服务的模式转变。通过智慧档案馆的建设，可以实现对档案信息的深度挖掘和智能分析，提供更加精准、个性化的服务，满足用户对档案信息的高层次需求。

综上所述，智慧档案馆建设的必然性不仅在于档案本身的重要性和特殊性，更在于数字转型的迫切需求、相关政策的有力推动以及用户信息需求的知识转向等多方面因素的共同驱动。随着这些因素的不断发展和变化，智慧档案馆将成为未来档案工作的重要发展方向。

二、智慧档案馆建设思路

（一）科学谋划，统筹规划设计

智慧档案馆的建设并非一蹴而就的短期任务，而是一项长期、复杂且宏伟的系统工程。为了确保其顺利推进和持续健康发展，必须站在国家档案事业现代化的战略高度，进行深入的研究和精心的实践。

首先，在国家层面，需要制定一套全面、系统的政策机制框架，以保障智慧档案馆的持续投入和健康发展。这一框架应涵盖政策引导、资金投入、人才培养、技术创新等多个方面，确保智慧档案馆建设得到全方位的支持。

其次，要做好统筹规划工作。这包括对智慧档案馆建设的组织架构、理论支撑、实施方法及操作规程等各方面进行全面、系统的部署。组织架构方面，需要明确各级档案管理机构的职责和权限，确保建设过程中的协调与配合；理论支撑方面，要深入研究智慧档案馆的理论基础和技术要求，为建设工作提供科学指导；实施方法方面，要制定详细的建设方案和实施计划，确保建设工作的有序进行；操作规程方面，要制定严格的操作规范和标准，确保智慧档案馆的规范运行。

再次，在统筹规划的过程中，还需要确定智慧档案馆建设的目标。这些目标应具有前瞻性、可操作性和可评估性，能够指导建设工作的方向。同时，要划分各阶段建设的重点内容，明确各阶段的任务和时间节点，确保建设工作按计划推进。

最终，通过科学谋划和统筹规划设计，我们将建设成服务高效、功能完善、绿色环保的智慧档案馆。这样的智慧档案馆不仅能够满足社会对档案信息的多样化需求，还能够推动档案事业的现代化进程，为国家的发展和社会的进步做出重要贡献。

（二）统一规范，加强标准体系建设

规范体系建设是智慧档案馆建设的基础和保障。所以应根据信息资源目录体

系和国家标准，围绕档案信息收集、鉴定、整理、销毁等文件生命周期，整合并细化智慧档案馆建设的标准及规范，包括业务性标准规范、技术性管理规范和管理性标准规范。业务性标准规范主要包括：档案分类标引规则、党政机关电子公文归档规范、档案馆应急管理等规范标准。技术性标准规范主要包括：软硬件基础设施规范、档案信息系统标准和信息安全管理等规范标准。管理性标准规范主要包括：档案馆工作人员、用户、档案信息发布、档案安全与利用等规范标准。在此基础上，加强智慧档案馆建设相关规范和标准的推广运行，着重做好档案分类标准、核心元数据标准、档案信息管理与服务平台、信息安全技术与应用等规范标准的制定工作，并按照规范和标准开展智慧档案信息的收集、整理、加工和共建共享工作。

（三）深耕细作，推进技术建设

数据挖掘与推送技术是智慧档案馆建设的关键技术，若没有这两项技术，档案数据将形同孤岛，只会是一种文字或数字形态。因此，智慧档案馆建设不能一味注重新技术，而是要在利用既有先进技术的基础上，有机结合物联网、大数据、云计算以及智能楼宇等技术，保证智慧档案馆可以更加智能高效地运行。第一，智慧档案馆一定要结合物联网技术实现智能管理的目标，使辨识、跟踪、定位、监控及管理等环节均实现智能化；也可以利用物联网的感知层对档案实体进行信息采集，然后在网络层完成信息的处理与传输工作；应用层则对最终形成的档案数据进行分析，这样可以增强档案馆档案信息与档案管理人员之间的互动。第二，利用大数据和云计算技术实现资源的共享。大数据、云计算技术与智慧档案馆结合，从而形成一个档案馆集群，集群的全部信息都将被统一集成到同一平台，并在这个平台上实现存储与共享。第三，利用数据挖掘推送技术，进一步推进档案管理的数据化，此技术不但可以挖掘更多的潜在档案信息而且还可以进行定向主动推送。第四，人脸识别技术是将提取的目标对象的面部特征与创建的人脸图像库里的数据进行一对一的精准对比。智慧档案馆的建设重点是建立档案全文数据库，将档案中不可查询的数据转化为可查询的信息，包括文字、语音、图像等，一旦实现了上述操作，那么智慧档案馆的建成也将指日可待。

（四）多措并举，加强平台建设

智慧档案馆建设除了依托丰富的档案资源、先进的技术外，还需要创建档案管理平台。智慧档案馆建设可以将“信息化”“物联网”“大数据”等新型信息技术充分融入其中，从而增强档案馆的管理能力。目前已经有一些档案馆依托现有的档案资源，积极采用先进的技术，在智慧档案馆建设上进行了有益的尝试并且取得了一定的成绩。如浙江省绍兴市档案馆就在原来档案数字化管理的基础上，创建了“区域涉民档案集成管理与服务平台”及“区域公共档案信息资源管理和服务总平台”，从而实现了档案资源的共建共享。此外，对于专业人才缺乏、技术薄弱的单位，或者建设智慧档案馆有困难的单位，可以考虑借助档案服务公司的力量，由本单位提出需求，档案服务公司提供人力和技术，双方合作完成智慧档案馆建设工作。

（五）深谋远虑，重视人才建设

人才是一个国家、一个地方发展的核心竞争力，智慧档案馆能否建设好，人才是不可或缺的因素，因此加大人才培养力度、提升人才储备量就显得尤为重要。首先，要不断加强档案管理人员自身的实践能力、知识水平的提升，使其具备与智慧档案馆相匹配的知识结构和服务能力。其次，对于设置档案专业的学校，除了教授档案专业课程之外，还应加强对学生计算机操作能力的提升。最后，档案馆还要提升档案管理人员的待遇，吸引和引进高学历、高水平的复合型人才，共同为智慧档案馆的建设和发展建言献策，做出贡献。

三、智慧档案馆的建设策略

智慧档案馆是档案馆建设的高级形式。智慧档案馆与传统档案馆在建设定位、目标和管理对象等方面均有所不同，在档案工作环境、档案实体管理、档案内容管理等方面仍有待进一步健全与完善。因此，结合时代发展需求，立足档案馆建设实践，从智慧档案馆的目标、理念、原则、路径和保障等方面提出智慧档案馆的建设策略，为智慧档案馆建设提供参考。

（一）以打造共建共治共享格局为出发点

党的十九大提出建设科技强国、网络强国、数字中国、智慧社会等发展目标，面对新的时代要求，我国积极实施国家大数据战略，推动数据驱动型创新体系构建。在宏观层次上，智慧档案馆作为数字中国、智慧社会的重要组成部分，只有在充分保障国家数据安全的前提下，从国家数字化战略角度对全国智慧档案馆的组织体系和档案管理工作进行全局部署和整体规划，出台相关法律政策推动数据的开放共享，实现各城市之间的互联互通，打破信息壁垒，才能实现档案资源的高效流转，破解“信息孤岛”问题。此外，在智慧档案馆总体规划过程中需要注意数字鸿沟和建设定位问题，多方位考量经济、信息化水平等因素，明确各省市智慧档案馆的差异定位，实现智慧档案馆的合理布局，分步骤、分阶段推进全国智慧档案馆的总体建设。在中观层次上，智慧档案馆的建设和运行过程中涉及多个参与主体，如档案馆、大数据局、政府、企业、公众等，需要智慧档案馆加强与相关部门之间的数据共享和业务协同，处理好各级档案馆、政府、大数据局等主体的关系，充分发挥各类主体优势，打造共建共享共治格局。

（二）以人的需求和发展为动力点

钱毅通过信息链的分析明确了“智慧是在语义理解层次上不断深化的必然”并且“强调终极判断的人类价值，强调智慧是需要人参与的，智慧档案馆不可能是‘无人档案馆’”。

人是发展的根本目的，也是发展的根本动力。一切为了人，一切依靠人，二者的统一构成智慧档案馆建设以人为本原则的完整内容。智慧档案馆建设应当始终秉承以人为本的理念，包括“以档案人员为本”和“以用户为本”两方面。一方面，智慧档案馆建设需要多元化复合型专业人才，档案人员是档案馆建设的根本动力，这对档案人员的专业能力和知识素养提出了新要求。与此同时，在智慧档案馆建设过程中必须充分考虑档案人员的需求，注重档案馆管理系统设计的实用性和便捷性。另一方面，满足用户需求是智慧档案馆建设的最终目的，如利用5G、人工智能等技术让用户通过网络终端随时随地进行档案检索、咨询和获取，同时通过感知记录用户的活动轨迹、使用信息等，深入分析用户的习惯和偏好，适时主动推送信息，实现服务内容、方式、时空的个性化，为用户提供无线泛在、个性互动的档案智慧化服务。

（三）以档案馆建设实践为立足点

从传统档案馆到智慧档案馆的发展过程主要经过了以智能楼宇系统建设为主的档案馆智慧建筑建设、以传统档案数字化和原生电子档案管理为主要任务的数字档案馆建设、以档案内容信息管理和知识管理为主要任务的智慧型数字档案馆建设、以提供智慧服务为主要任务的智慧档案馆建设等四个阶段。各个阶段之间虽然没有明确界限，但每一阶段的主要矛盾和建设重点有所不同。目前我国已经在智能档案馆和数字档案馆建设方面取得一定成果，正处于第二阶段和第三阶段之间，未来发展趋势仍是建设智慧档案馆。智慧档案馆的发展过程如右图所示。

值得注意的是，智慧档案馆虽然遵循着物物互联、数据互联、知识互联、智慧服务的发展主线，但是由于档案馆实体和档案内容是智慧档案馆建设并行发展的两个方面，所以各阶段的发展并非直线型，也有可能出现跳跃式发展。明确智

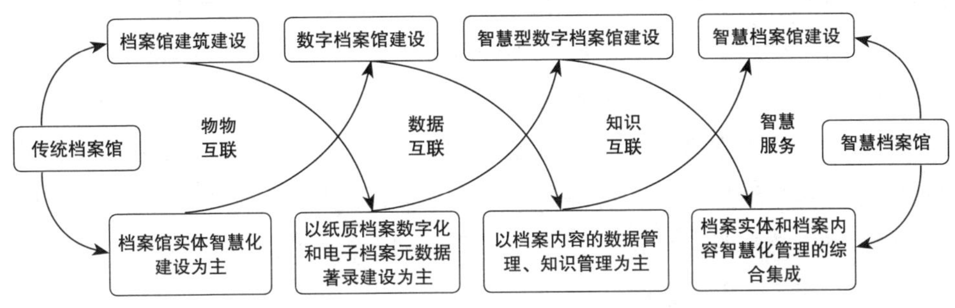

智慧档案馆发展过程

慧档案馆建设各阶段的特点、重点和主要建设内容，有利于指导智慧档案馆个体依据自身建设所处阶段明确其未来建设方向和重点，推动智慧档案馆建设的顺利开展。

（四）以档案实体和内容管理为切入点

智慧档案馆是实体档案馆建设和数字档案馆建设融合的高级形式。智慧档案馆在关注档案信息资源数据化、知识化管理的同时，应当注重档案馆实体管理的智慧化，利用物联网等技术使档案信息与档案实体实现有机结合，从而实现更加高效、安全的智能化管理。因此，智慧档案馆建设应从档案馆档案实体管理的智慧化和档案内容管理的智慧化两条路径切入。

档案馆实体管理的智慧化包括档案库房、设施设备、档案载体的智慧化管理，应以便于利用和安全防范为原则，利用技术进行繁琐的基础性、重复性工作，辅助档案馆人员进行智能化管理，提高档案管理工作效率。档案馆馆藏档案内容的智慧化管理是数字档案馆建设的继承和发展，包括对档案信息内容进行收集、管理、存储和提供利用；应用云计算、大数据、人工智能等新兴技术，进行大数据分析及数据挖掘，探索档案数据信息的潜在价值，实现档案信息资源的有效开发利用。智慧档案馆应从档案的元数据著录深入到档案内容的信息管理、知识管理，对档案内容的管理实现从大颗粒、中颗粒到微颗粒的转变。

（五）以档案工作环境为支撑点

智慧档案馆建设发展受到内部和外部环境的双重影响。从外部看，政治、经济和法律等因素在宏观层面上影响着智慧档案馆发展的规模、速度和质量。这是因为，智慧档案馆的建设与发展离不开长效的资金支持、有利的合作投资环境、国家数字发展战略和政策引导以及信息安全和知识产权法的完善等。智慧档案馆外部环境的发展是智慧档案馆发展的重要前提，外部环境制约着智慧档案馆的发展建设。从内部看，智慧档案馆的业务流程和工作内容与传统档案馆有所不同，内部工作环境受到工作制度、业务系统和信息技术等因素影响。因此，智慧档案馆内部环境优化需要明确资源管理、设施管理、业务流程和系统管理等组织管理运作方面的具体工作规范细则；建立针对档案管理各个业务活动的数据库，并根据其特点实施精细化管理，通过高效、协同、全面的业务系统实现智慧档案馆的整体管理和系统运营；运用物联网等技术强化档案馆的智能管理和控制，为智慧档案馆的管理运作环境提供有力保障。

此外，档案工作环境建设不能一蹴而就，需要分析智慧档案馆建设评价指标，建立评价体系，形成反馈机制，进而推动智慧档案馆建设。智慧档案馆建设评价指标应涉及制度规范、馆藏资源、基础设施、系统环境等方面，档案馆根据各项指标判定档案资源全程控制情况、档案工作统筹管理水平等，并结合实际情况，明确下一阶段的建设任务和内容，持续推进智慧档案馆建设。

随着智慧理念的出现和人工智能技术的不断发展，我国智慧档案馆建设已经取得初步成果。但是真正实现智慧档案馆的建成还需要大量时间和精力的投入。只有在智慧档案馆建设过程中明确智慧内涵，把握好建设重点，才能有的放矢，推进我国智慧档案馆的发展。

第三节　人工智能技术在智慧档案馆建设中的应用

人工智能技术（Artificial Intelligence; AI）是研究、开发用于模拟、延伸及扩展人的智能理论、方法、技术等系统化技术科学。据《智能交通技术前沿》官方调查数据统计：到 2025 年，AI 有关行业每年收入将达到 1190 亿美元，且 AI 市场将增长到 1900 亿美元的产业。近年来，我国政府愈发重视 AI 技术在社会发展中的应用，并出台了《关于加快场景创新以人工智能高水平应用促进经济高质量发展的指导意见》《"十四五" 国家信息化规划》等多项支持政策，为 AI 技术的应用奠定了坚实基础。

一、人工智能技术在智慧档案馆建设中应用的思考

人工智能技术在智慧档案馆建设中的应用，无疑为档案管理与服务带来了革命性的变革。在这一时代背景下，我们不仅需要关注技术本身的发展，更要深入思考如何促进档案工作者的素质提升和完善人工智能服务，以确保智慧档案馆的高效运行和优质服务。

（一）促进档案工作者素质提升

随着人工智能技术的不断发展，智慧档案馆对档案工作者的要求也日益提高。档案工作者需要适应这一变化，不断提升自身的综合素养。

首先，档案工作者应树立"危机意识"，认识到在人工智能时代，只有不断学习、不断进步，才能跟上时代的步伐。他们应该具备终身学习的意识，不断吸收新知识、新技能，以便适应智慧档案馆建设的需求。

其次，档案工作者应提高数据素养。在智慧档案馆中，数据是核心资源，档案工作者需要掌握对大数据处理和分析的方法，能够熟练地运用各种数据分析工具，从海量数据中提取有价值的信息。同时，他们还应保持对数据信息的敏感性，能够及时发现并应对数据中的异常情况。

最后，档案工作者还应具备跨学科的知识背景。智慧档案馆建设涉及多个领

域的知识，如信息技术、档案管理、历史学等。档案工作者应该具备跨学科的知识储备，能够综合运用各种知识解决实际问题。

（二）完善人工智能服务

在智慧档案馆建设中，人工智能技术的应用为档案服务带来了诸多便利。为了进一步完善人工智能服务，我们可以从以下几个方面入手：

精准的智能信息服务：智慧档案馆可以通过收集档案用户的信息，了解其兴趣、习惯和专业领域，然后利用人工智能技术为用户提供精准化的信息推送。这样不仅可以提高档案服务的效率，还可以满足用户的个性化需求。

AI产品提供参考咨询服务：AI机器人作为智慧档案馆的重要服务工具，可以运用“机器学习”和“自然语言处理”等技术，为用户提供馆藏询问、资料检索等服务。同时，AI机器人还可以与用户进行多种互动，如智能问答、语音导览等，增强用户的服务体验。

智能化档案管理：人工智能技术还可以应用于智慧档案馆的档案管理中，通过自动化的分类、整理、存储和检索等功能，提高档案管理的效率和质量。同时，利用AI技术还可以对档案进行智能化分析和挖掘，发现其中的规律和趋势，为决策提供支持。

持续优化用户体验：智慧档案馆应持续关注用户反馈和需求变化，不断优化人工智能服务的功能和界面设计。通过提升用户体验来增强用户对智慧档案馆的依赖和满意度。

综上所述，人工智能技术在智慧档案馆建设中的应用具有重要意义。为了充分发挥其作用和潜力，我们需要不断提升档案工作者的素质和完善人工智能服务。只有这样，我们才能打造出一个高效、便捷、智能的智慧档案馆，为用户提供更加优质的服务。

二、人工智能在建设智慧档案馆中的具体应用

传统档案馆及数字档案馆的档案管理主要包括档案信息收集、分类、挖掘、保管、利用等环节，而在智慧档案馆环境中，通过将人工智能有针对性地运用到档案管理各个环节，可以实现智能检索收集档案信息、智能分类与挖掘档案信息、智能保管档案信息以及提供智能档案信息利用服务，使档案管理得以优化升级，实现建设智慧档案馆目标。

（一）智能检索收集档案信息

智慧档案馆需要对档案实体信息资源、档案应用信息资源、档案内容信息资源、城乡社会记忆信息资源以及档案馆楼宇管理信息资源等海量异构数据进行管理，同时这些海量异构数据呈现出急剧增长的趋势，且分布范围与领域也愈发广泛。在此背景下，传统的档案信息收集方式已经无法满足需求，而人工智能在信息检索领域的应用可以使传统的档案信息收集转变为智能的档案信息检索。

人工智能信息检索系统不仅可以对人类处理数据的思维过程进行模拟，实现海量数据中的智能检索、推理以及表达，还可以对利用者起到智能辅助的作用。从技术层面讲，人工智能信息检索技术可以分为垂直检索、以语料库为基础的信息检索以及以语义网为基础的信息检索三类。其中，垂直检索主要运用深度检索全文、数据分组以及捕获核心数据等核心技术进行信息检索；以语料库为基础的信息检索主要基于人工建立的语料库，结合自然语言处理技术进行信息匹配从而完成信息检索；以语义网为基础的信息检索主要运用语义网技术进行信息检索，使其自然语言理解力得以增强。需注意的是，在运用智能信息检索系统之前，通过人工智能中的异构信息整合技术，可对原始数据进行初步处理，如进行格式统一以及进行基础的排序，从而为后续操作提供便利，提高效率。

（二）智能分类与挖掘档案信息

在智能检索收集档案信息后可运用人工智能，在自然语言处理领域应用技术智能档案信息进行分类。自然语言处理的主要内容是如何运用自然语言实现人与计算机之间的有效通信，这种有效通信的实现不仅意味着计算机可以理解自然语言文本的含义——即自然语言理解，还意味着计算机可以将指定的指令与意图以自然语言文本的形式呈现出来——即自然语言生成。因此自然语言处理不仅具有重要的理论意义，还具备强大的实际应用价值，是当前人工智能领域的核心技术之一。自然语言处理主要包括语音识别、语义分析、汉字编码、词法分析、句法分析以及文本生成等关键技术，在智能分类档案信息的过程中，智慧档案馆可以按照不同的档案介质运用相应的关键技术对其进行智能分类。具体来说，在文本档案智能分类中，可以运用自然语言处理中的文本分类和聚类系统，提取关键词，进行标注并以此进行分类操作；在照片档案智能分类中，可以运用自然语言处理中的深度学习技术智能识别图像，进而进行分类；在音频档案智能分类中，可以运用自然语言处理中的语音识别技术智能识别音频，语音识别技术的核心主要就是自然语言理解，即将语音信号中的词汇内容转变为计算机可识别的数据，从而便于进行进一步的分类操作。前期的数字化、排序以及分类等操作为智能挖掘档案信息奠定了基础，在此基础上，智慧档案馆可以运用人工智能在数据挖掘以及信息检索等领域应用的技术，来智能挖掘档案信息。具体来说，就是在智能分类档案信息的基础上运用数据挖掘技术进行档案价值的智能鉴定，同时运用知识图谱技术来直观地展示档案的关联信息与索引信息。

（三）智能保管档案信息

智能保管档案信息主要强调的就是档案信息安全。智慧档案馆可从内部、外部两个层面入手进行智能保管，其中内部主要指的是数据的智能保管，外部主要包括人员与设备的智能保管。在数据的智能保管中，智慧档案馆可运用人工智能在信息安全领域的应用技术来确保数据的安全稳定。在智慧档案馆环境下，需要将现有的防御方式进行整合升级，建立可以主动检测入侵信息、进行风险评估并做出相应响应的综合防御平台系统。同时，应运用人工智能中的数据采集程序及时收集平台系统运行中产生的日志信息，加以分析，强化综合防御平台系统的学习、分析以及应对能力，及时阻止病毒攻击，保证数据安全。在人员与设备方面，智慧档案馆可运用人工智能在物联网以及人脸识别等领域应用的技术来进行智能保管。智慧档案馆可以运用人脸识别技术进行身份识别，同时在重要库房及设备处安置传感器，及时监测人员行为记录，避免越权、违规等操作出现，而设备方面主要通过传感器等设备实时监测与提醒库房温湿度以及设备状态等环境信息，从而实现档案信息的智能保管和保护。

（四）提供智能档案信息利用服务

提供智能档案信息利用服务是智慧档案馆实现其核心价值的重要方式。在智慧档案馆环境中可以运用人工智能在人机交互以及自然语言处理等领域应用的技术，来提供智能的档案信息利用服务。具体来说，人工智能促使人机交互从传统的“由输入到反馈”循环转变为智能的“由推荐到选择”循环，人工智能环境中的人机交互技术主要包括语义分析、自主学习、自然语言处理以及知识构建等多种技术，可以对文字、语音、手势、表情等多种载体和形式的信息进行识别与整合，在此基础上，智慧档案馆可以建立智能档案信息利用服务系统，通过该系统与利用者进行语音交互、视觉交互以及触觉交互，从而向利用者提供个性化的智能服务。与此同时，智慧档案馆还可以建立以自然语言文本挖掘等技术为基础的智能推荐系统，合理记录利用者的检索频率、常用服务等操作行为日志，进而分析利用者的需求偏好，从而为向利用者提供更高品质的个性化服务提供数据支持。

三、运用人工智能建设智慧档案馆注意事项

运用人工智能建设智慧档案馆是一项具有前瞻性和挑战性的工作，它要求档案馆在多个方面做好充分的准备和规划。以下是在运用人工智能建设智慧档案馆过程中需要特别注意的一些事项：

（一）建设理念需明确

首先，智慧档案馆的建设理念应清晰明确。虽然技术的引入对于提升档案馆的智慧水平至关重要，但我们必须认识到技术只是辅助手段，而非建设的核心。智慧档案馆建设的根本目标是提供更为个性化、高品质的智慧服务。因此，建设过程中应始终贯彻“以人为本”的理念，确保技术的运用能够服务于人，而非让人适应技术。

（二）管理模式需创新

随着智慧档案馆的建设，管理模式也需要进行相应的创新。对于内部档案工作人员而言，他们需要具备掌握和应用人工智能技术的能力。因此，提高档案馆工作人员的准入门槛，进行定期的技术培训，并组织交流研讨活动，成为必要之举。同时，利用者的适应和应用能力也至关重要。档案馆应通过线上线下的方式，如微信公众号、微博、讲座、交流会等，广泛宣传新兴技术的基础原理和设备使用方法，与利用者保持沟通，提升他们的信息技术使用能力。

（三）工作流程需规范

智慧档案馆的建设将带来工作流程的转变。为了确保流程的规范统一，需要从宏观层面到具体细节制定相应的标准。在宏观层面，应对整个智慧档案馆环境下的档案馆工作流程进行统一规划，确保各环节之间的顺畅衔接。在具体细节上，应针对已数字化的档案信息资源的格式要求、智慧档案馆环境下的索引等功能性数据的格式要求等进行明确规范，确保数据的一致性和可用性。

（四）数据安全与隐私保护

在运用人工智能建设智慧档案馆的过程中，数据安全与隐私保护是不可忽视的重要问题。档案馆应建立严格的数据管理制度，确保档案信息在收集、存储、处理和传输过程中的安全性。同时，应采取有效的隐私保护措施，防止用户信息被泄露和滥用。

（五）技术持续更新与升级

人工智能技术不断发展，智慧档案馆建设也需要与时俱进。档案馆应密切关注技术动态，及时引入新技术、新方法，对现有的智慧档案馆系统进行持续更新

和升级。这不仅可以提升系统的性能和效率，还可以确保智慧档案馆能够满足日益增长的服务需求。

（六）用户体验持续优化

智慧档案馆建设的最终目的是提升用户体验。因此，在运用人工智能建设智慧档案馆的过程中，应持续关注用户反馈和需求变化，不断优化服务流程和功能设计。通过提升用户体验，可以增强用户对智慧档案馆的依赖和满意度，推动智慧档案馆的持续发展。

第四节　基于档案终身化管理理念的智慧档案馆建设思考

一、档案终身化管理理念

随着信息化时代的迅猛发展，档案信息的数量呈现出井喷式增长态势，传统的档案管理模式已难以应对这一变化。在此背景下,档案终身化管理理念应运而生，成为现代档案管理的新趋势。

档案终身化管理理念的核心在于强调档案信息的全生命周期管理，涵盖了从档案形成、收集、整理、保管到利用等多个关键环节。这一理念旨在通过科学、系统的方法，确保档案信息的真实性、完整性和可用性，从而实现档案信息的长期保存和有效利用。

具体而言，档案终身化管理要求从源头上加强对档案信息的收集与筛选，确保归档信息的准确性和可靠性；在整理环节，需要运用先进的技术手段，对档案进行分类、编目和数字化处理，以便后续的检索和利用；在保管环节，应注重档案的安全性和保密性，采取必要的防护措施，防止档案信息的损坏和丢失；在利用环节，则应积极推广档案信息的开发利用，满足社会各界的档案信息需求，推动档案信息的价值实现。

实施档案终身化管理对于提升档案管理水平、推动档案事业健康发展具有重要意义。它不仅能够满足现代社会对档案信息的需求，还能为历史研究、文化传承和社会发展提供有力的支撑。我们应该积极推广档案终身化管理理念，不断完善档案管理制度和技术手段，提高档案管理人员的专业素养和综合能力，以推动档案事业不断向前发展。

二、智慧档案馆与档案终身化管理关系

在档案工作的现代化进程中，智慧档案馆的建设与档案终身化管理理念呈现出一种相互促进、相互融合的态势。智慧档案馆作为档案工作现代化的重要标志，以其先进的信息技术应用和智能化的管理手段，为档案终身化管理提供了强有力的支撑。

通过构建高效、便捷的信息系统，智慧档案馆实现了档案信息的数字化、网络化和智能化管理，大大提高了档案工作的效率和质量。这一创新管理模式使得档案的保存、查询和利用变得更加方便快捷，有效地满足了社会各界的档案需求。智慧档案馆的建设还推动了档案工作的规范化、标准化和科学化，为档案终身化管理奠定了坚实的基础。

而档案终身化管理理念则进一步推动了智慧档案馆的不断发展。档案终身化管理强调档案信息的长期保存和有效利用，要求档案工作在各个环节都注重档案信息的完整性和安全性。这一理念促使智慧档案馆在建设中更加注重技术创新和系统升级，以适应档案终身化管理的需求。

在实践中，智慧档案馆与档案终身化管理理念相互融合，共同推动档案工作的现代化进程。一方面智慧档案馆通过不断优化信息系统和提升服务水平，为档案终身化管理提供了更加完善的技术保障；另一方面，档案终身化管理理念的不断深化和拓展，也为智慧档案馆的建设提供了更加明确的发展方向和目标。

智慧档案馆的建设与档案终身化管理理念在相互促进、相互融合中共同发展，共同推动着档案工作的现代化进程。展望未来，随着信息技术的不断进步和档案工作需求的不断变化，智慧档案馆与档案终身化管理理念将继续相互推动、相互促进，为档案事业的发展贡献更多的力量。

三、档案终身化管理理念下业务流程优化策略部署

（一）收集环节改进措施汇报

在现代档案管理工作中，我们需对档案收集方式进行多元化与数字化的探索与升级。传统的纸质档案收集方式虽然经典且成熟，但在信息化时代的背景下，其局限性逐渐显现。为此，我们应积极拓宽档案收集的渠道，以数字化手段为辅助，扩大档案的收集范围并提升收集效率。具体而言，我们可以借助电子扫描技术，将大量纸质档案转化为数字化信息，实现信息的快速录入和高效管理。利用网络传输技术，我们可以突破地域限制，实现档案信息的远程收集和共享，极大提升了档案工作的灵活性和便捷性。

在拓宽收集渠道的我们还需对档案收集标准进行严格把控。制定明确的档案收集标准和规范，是确保档案内容真实、完整、准确的关键。我们必须对收集到的档案进行严格的筛选和审核，避免遗漏重要信息和重复收集。我们还需对档案的来源、内容、格式等要素进行统一规范，以确保档案信息的标准化和规范化。

加强档案鉴定工作同样至关重要。在收集过程中，我们应对档案的价值进行鉴定和评估，筛选出具有保存价值的档案。这需要我们具备专业的档案鉴定知识和技能，对档案的历史价值、文化价值、科学价值等进行深入分析和评估。通过加强档案鉴定工作，我们可以为后续的档案整理和利用工作奠定坚实基础，提高档案工作的整体质量和水平。

拓宽收集渠道、严格收集标准、加强档案鉴定，是我们在档案管理工作中必须重视的三个方面。只有不断提升档案管理工作的专业性和规范性，我们才能更好地发挥档案的作用，为社会发展提供有力支持。

（二）整理环节优化手段展示

在当前档案管理工作中，实施标准化整理流程至关重要。通过制定一套统一的档案整理流程和规范，能够确保档案整理工作严格按照既定的标准和步骤进行，从而提高整理工作的规范化水平和标准化程度。这不仅有助于提升档案整理的效率，更能有效保障整理结果的质量，确保档案信息的准确性和完整性。

随着数字化技术的快速发展，数字化整理技术在档案管理领域的应用也越来越广泛。通过利用 OCR 识别技术，我们可以对档案中的文字进行快速而准确地识别，大大减少了人工录入的时间和成本。自动分类技术则能够根据档案内容的特点，将其自动归入相应的类别，进一步提高了档案整理的效率和准确性。

在追求高效率和高准确性的我们绝不能忽视对档案的保护工作。在整理过程中，我们必须加强对档案的保护措施，采取有效的防尘、防潮、防虫等措施，确保档案在整理过程中不会受到任何损害。我们还应当定期对档案进行检查和维护，及时发现并解决可能存在的问题，确保档案的安全和完整。

实现档案管理的高效化、准确化和安全化是一个系统工程，需要我们在实践中不断探索和完善。通过实施标准化整理流程、采用数字化整理技术并强化档案保护措施，我们能够不断提升档案管理的水平，为组织的长远发展提供坚实的保障。

（三）利用环节创新举措分享

档案利用方式的革新是当代档案管理工作的重要课题。随着信息技术的飞速发展，我们已不再满足于传统的档案查阅和借阅模式，而是积极寻求更多元化的利用方式。在线查询系统的建立，使得用户可以随时随地通过网络平台，轻松检索到所需的档案信息，极大地提高了档案利用的便捷性。数字化展示技术的运用，将档案内容以更为生动、直观的形式呈现出来，增强了档案的可读性和吸引力。

为了更好地满足不同用户的个性化需求，我们提供定制化的档案服务。无论是专题汇编还是档案复制，我们都能够根据用户的具体需求，提供精准而专业的服务。这种个性化的服务方式，不仅提高了用户满意度，也进一步增强了档案工作的针对性和实效性。

加强档案宣传也是提升档案工作影响力的重要途径。我们通过各种形式的活动，如举办档案展览、开展档案知识讲座等，向公众普及档案知识，增强公众对档案工作的认识和重视程度。这些宣传活动不仅有助于增强公众的文化素养和历史意识，也为档案工作的长远发展奠定了坚实的基础。

通过多元化利用方式的探索、个性化服务的提供以及档案宣传的加强，我们能够更好地发挥档案的价值和作用，为社会的文化建设和历史传承作出更大的贡献。在未来的工作中，我们将继续致力于档案管理工作的创新与发展，以更加专业、严谨的态度，推动档案事业不断迈上新的台阶。

四、基于人才终身化管理的学校智慧档案馆建设

人才终身化管理，强调的是对人才培养全过程的持续性、系统性管理，它涵盖了人才的教育、培训、思想、就业、成就及信用等多维度信息。在这一理念下，学校智慧档案馆的建设显得尤为重要，它不仅关系到学生个体的成长记录，更是连接教育与社会、人才与市场的桥梁。

（一）学校智慧档案馆建设的核心理念

中学阶段是青少年成长的关键时期，也是人才培养的重要阶段。在这一阶段，学生的知识、技能、情感态度等都在经历快速的发展和变化。因此，学校智慧档案馆的建设应紧密围绕人才终身化管理的理念，旨在构建一个能够全面、实时、精准记录学生成长信息的平台，以更好地服务于学生的全面发展。

首先，全面记录是学校智慧档案馆建设的核心理念之一。传统的档案管理往往只关注学生的基本信息和学业成绩，忽略了学生的兴趣爱好、特长技能、社会实践经历等多元化信息。然而，这些信息对于学生的全面发展至关重要。学校智慧档案馆应通过多元化的数据来源和采集方式，全面记录学生的学习经历、活动参与、社会实践、创新成果等各方面的信息，从而为学生提供一个更加丰富、立体的成长记录。

其次，实时更新也是学校智慧档案馆建设的重要理念。学生在中学阶段的成长是一个动态变化的过程，他们的兴趣、能力、目标等都会随着时间的推移而发生变化。因此，学校智慧档案馆应能够实时更新学生的成长记录，及时反映学生

的最新状态和发展情况。这不仅有助于学生及时了解自己的成长轨迹,还能为教师、家长和学校提供准确的学生信息，以便他们更好地指导学生、支持学生的成长。

再次，精准记录同样是学校智慧档案馆建设的核心理念。在全面、实时记录的基础上，档案馆还应确保所记录信息的准确性和真实性。通过采用先进的技术手段和严格的数据管理流程，避免数据错误或遗漏，从而为学生提供一个真实可靠的成长记录。这不仅有助于学生了解自己的真实情况，还能为他们的未来发展提供有力的数据支持。

此外，学校智慧档案馆的建设不仅要服务于学生当前的教育需求，更要着眼于他们未来的职业发展和终身学习。这意味着档案馆不仅要关注学生在校期间的表现，还要关注他们毕业后的职业发展和学习情况。通过与企业、高校等机构的合作，共同为学生打造一个持续更新的职业发展记录和学习轨迹，从而为他们提供更具针对性的职业指导和终身学习支持。

为了实现这一核心理念，学校智慧档案馆的建设需要充分利用现代信息技术和大数据处理技术的优势。通过构建一个高效、安全、可靠的信息管理系统，实现对学生成长信息的全面、实时、精准记录和管理。同时，档案馆还应积极拓展其应用范围和功能，将其打造成为一个连接学校、企业、政府等多方资源的平台，共同为学生的全面发展提供支持和服务。

总之，学校智慧档案馆建设的核心理念是全面、实时、精准地记录学生的成长信息，并着眼于他们未来的职业发展和终身学习。通过实现这一核心理念，我们可以为学生提供一个更加丰富、立体的成长环境，为他们的全面发展奠定坚实的基础。

（二）学校智慧档案馆建设的五大原则

1. 资源多元

学校智慧档案馆的资源来源多元化是其建设的基石。传统的档案馆往往只关注学生在校园内的学习和活动情况，这种局限性使得档案馆无法全面、真实地反映学生的成长轨迹。为了更全面地记录学生的成长，学校智慧档案馆的资源来源必须拓展，不仅要覆盖学生在校内的各个方面，还要延伸到校外，包括社会实践、志愿服务等领域。

学生在中学阶段的成长经历远不止于课堂和校园活动。他们参与的社会实践、志愿服务等活动，同样是其成长的重要组成部分。这些经历不仅能够锻炼学生的社会实践能力，还能培养他们的团队协作精神和责任感。因此，将这些经历纳入智慧档案馆的资源范围，可以更加全面地展示学生的综合素质和成长历程。

为了实现资源来源的多元化，学校智慧档案馆应积极与企业、社区等机构进行合作。这些机构为学生提供了丰富的社会实践和志愿服务机会，通过与他们建立合作关系，档案馆可以获得更多、更全面的学生成长信息。例如，企业可以为学生提供实习机会，让他们亲身体验职场环境，培养职业技能；社区则可以为学生提供志愿服务平台，让他们在帮助他人的过程中提升自我价值。

在合作过程中，学校智慧档案馆应明确信息采集的标准和流程，确保所收集到的信息真实、准确、完整。同时，还要注重保护学生的隐私权和信息安全，避免信息被泄露和滥用。

除了与企业、社区等机构的合作外，学校智慧档案馆还可以考虑与其他学校、教育机构等建立信息共享机制。通过信息共享，可以更加全面地了解学生在不同环境下的表现和成长情况，为他们的未来发展提供更加科学的指导。

综上所述，资源多元是学校智慧档案馆建设的重要原则之一。通过拓展资源来源，与各方机构建立合作关系，并明确信息采集标准和流程，我们可以为学生打造一个丰富、立体的成长记录。这不仅有助于全面展示学生的综合素质和成长历程，还能为他们的未来发展提供更加科学的指导。同时，我们也应时刻关注学生的隐私权和信息安全，确保智慧档案馆的健康发展。

2. 动态更新

在数字化时代，信息的时效性对于学校智慧档案馆来说至关重要。为了确保所记录的学生信息能够真实反映其当前的状态和成长轨迹，智慧档案馆必须实现数据的动态更新。这意味着无论是学生的学业成绩、课外活动参与情况，还是其思想动态、职业规划等，都应得到及时地记录和更新。

首先，学业成绩是学生成长的重要指标之一。随着学期的推进，学生的学业成绩会不断发生变化。智慧档案馆应能够实时接入学校的教务系统，自动抓取学生的最新成绩数据，并将其更新到学生的个人档案中。这样，无论是学生、家长还是教师，都能够随时了解学生的学习状况，为他们提供及时的指导和帮助。

其次，课外活动参与情况也是学生成长的重要组成部分。学生在中学阶段会参与各种课外活动，如社团、竞赛、志愿服务等。这些活动不仅能够丰富学生的课余生活，还能够培养他们的团队协作、创新实践等能力。智慧档案馆应建立与各个活动组织方的联系，及时获取学生的参与情况和获奖信息，并将其更新到学生的个人档案中。这样，学生的课外活动经历就能够得到全面、真实的记录，为他们未来的发展提供有力的支持。

此外，学生的思想动态和职业规划也是智慧档案馆需要关注的重要方面。随着学生年龄的增长和认知的深化，他们的兴趣和目标也会发生变化。智慧档案馆应建立与学生、家长和教师的沟通机制，及时了解他们的想法和规划，并将其更新到学生的个人档案中。这样，学生的个人档案就能够更加全面、真实地反映他们的成长历程和发展方向。

为了实现数据的动态更新，智慧档案馆需要建立一个高效、稳定的数据更新机制。这包括与各个数据源建立稳定的连接、设置合理的更新频率、制定数据更新标准和流程等。同时，智慧档案馆还需要配备专业的技术团队和管理人员，负责数据的采集、处理、更新和维护工作。

总之，动态更新是学校智慧档案馆建设的重要原则之一。通过实现数据的动态更新，智慧档案馆能够确保所记录的学生信息具有时效性，真实反映学生的当前状态和成长轨迹。这不仅能够为学生、家长和教师提供及时、准确的信息支持，还能够为学生的未来发展提供更加科学的指导。

3. 综合处置

学校智慧档案馆的建设，除了要确保资源的多元化和信息的动态更新外，更重要的是如何利用这些数据进行深度挖掘和综合分析，以更全面地评估学生的发展潜力，并为教育决策提供科学依据。在这一过程中，现代数据分析技术发挥着至关重要的作用。

现代数据分析技术包括粗糙集、模糊集、神经网络等多种方法，这些技术能够对海量数据进行高效、准确地处理和分析。对于智慧档案馆所收集到的学生信息，这些技术能够从中提取出有价值的信息，揭示出隐藏在数据背后的规律和趋势。

例如，粗糙集理论可以用于处理学生信息中的不确定性和模糊性。在学生的学习和成长过程中，很多因素都是不确定的，如学生的兴趣、能力、性格等。粗糙集理论可以通过定义上下近似集和边界域等概念，对这些不确定性进行量化处理，从而更准确地评估学生的发展潜力。

模糊集理论则适用于处理学生信息中的模糊性和不精确性。学生的很多表现和评价都是模糊的，如“表现优秀”“能力突出”等。模糊集理论可以通过定义模糊集合和模糊运算等概念，对这些模糊性进行建模和分析，从而更全面地了解学生的真实情况。

神经网络作为一种强大的机器学习算法，可以自动学习和识别数据中的模式和规律。通过对大量学生信息的训练和学习，神经网络可以构建出一个能够预测学生未来发展趋势的模型。这样，教育决策者就可以根据这个模型来制定更加科学、合理的教育策略。

在综合处置的过程中，智慧档案馆还需要考虑数据的隐私性和安全性。学生的个人信息是敏感的，必须得到严格的保护。因此，在进行分析和处理时，必须遵守相关的法律法规和隐私保护政策，确保学生的信息安全。

总之，综合处置是学校智慧档案馆建设的关键环节之一。通过利用现代数据分析技术，对收集到的学生信息进行深度挖掘和综合分析，可以更全面地评估学生的发展潜力，为教育决策提供科学依据。这不仅有助于促进学生的全面发展，还能够提高教育的质量和效率。

4. 广泛应用

学校智慧档案馆，作为新时代教育信息化的重要载体，其功能和价值远不止于作为数据存储的工具。在数字化、网络化的时代背景下，它更应成为一个连接学校、企业、政府等多方资源的平台，为人才培养、教育决策和社会服务提供全方位的支撑。

首先，学校智慧档案馆应该成为学校内部各部门之间信息交流和共享的重要枢纽，通过集成学生的学业成绩、课外活动、思想动态等多维度数据，为教务管理、学生发展指导、心理健康教育等提供数据支持，促进学校内部资源的优化配置和高效利用。

其次，学校智慧档案馆还应积极与企业、政府等外部机构建立合作关系，通过数据共享和交换，实现人才资源的优化配置。例如，企业可以通过访问智慧档案馆的数据，了解学生的综合素质和潜力，为招聘和人才培养提供科学依据；政府则可以通过分析这些数据，了解当地的人才储备和分布情况，为制定教育政策和人才政策提供参考。

在数据共享和交换的过程中，信息安全和隐私保护是至关重要的问题。学校智慧档案馆必须严格遵守相关法律法规和隐私保护政策，确保学生的个人信息不被泄露或滥用。同时，应采用先进的信息安全技术和管理措施（如数据加密、访问控制、安全审计等），确保数据在传输、存储和使用过程中的安全性。

最后，学校智慧档案馆还应不断拓展其应用范围和服务功能。例如，可以开发面向学生的个性化学习推荐系统，根据学生的兴趣、能力和需求，为他们提供定制化的学习资源和指导；也可以开发面向教师的数据分析工具，帮助他们更好地了解学生的学习情况和成长轨迹，为教学改进和科研提供支持。

总之，学校智慧档案馆的广泛应用不仅能够促进学校内部资源的优化配置和高效利用，还能够为人才培养、教育决策和社会服务提供全方位的支撑。在数字化、网络化的时代背景下，我们应该充分发挥其功能和价值，推动教育信息化向更高水平发展。

5. 信息互联

在数字化和全球化的时代背景下，学校智慧档案馆的作用已经超越了传统的数据存储和管理范畴，它正逐步成为连接学校、其他教育机构以及社会组织的重要桥梁。借助现代信息技术和大数据技术，实现学校智慧档案馆与其他教育机构、社会组织的互联互通，对于打破信息孤岛、促进教育资源共享、提高学生信息的全面性和准确性等方面都具有重要意义。

首先，信息互联能够打破传统的信息孤岛现象。过去，由于各学校、教育机构和社会组织之间的信息系统相互独立，缺乏统一的标准和接口，导致数据无法有效共享和交换。这不仅浪费了大量的资源，也影响了对学生信息的全面记录和准确评估。通过实现信息互联，可以建立一个统一的信息平台，将各方数据资源进行整合和共享，从而打破信息孤岛，实现数据的高效利用。

其次，信息互联能够促进学生信息的全面、准确记录。通过与其他教育机构和社会组织的互联互通，学校智慧档案馆可以获取到更广泛、更丰富的学生信息。这些信息不仅包括学生的学业成绩、课外活动参与情况等基本信息，还包括学生的兴趣爱好、能力特长、职业规划等个性化信息。通过对学生信息的全面记录和分析，可以更加准确地评估学生的发展潜力，为他们提供更加精准的教育指导和职业规划建议。

最后，信息互联还能够为学生未来的职业发展和社会融入提供有力支持。随着社会的不断发展，各行各业对于人才的需求也越来越多元化和个性化。通过实现信息互联，可以为学生提供一个更加广阔的职业发展平台，让他们能够更好地了解不同行业的需求和趋势，从而做出更加明智的职业选择。同时，信息互联还可以为学生提供一个更加开放的社会环境，让他们能够更好地融入社会、服务社会。

在实现信息互联的过程中，需要注意保障信息安全和隐私保护。学生的个人信息是敏感的，必须得到严格地保护。因此，在与其他教育机构和社会组织进行信息互联时，需要制定严格的信息安全管理制度和技术防护措施，确保学生信息的安全性和隐私性。

总之，实现学校智慧档案馆与其他教育机构、社会组织的互联互通是教育信息化发展的重要趋势之一。通过打破信息孤岛、促进学生信息的全面记录和分析，为学生未来的职业发展和社会融入提供有力支持。

（三）实施路径与展望

1. 实施路径

在实施学校智慧档案馆建设的过程中，我们需要一个清晰、系统的实施路径来确保项目的顺利进行和最终目标的达成。

（1）明确目标与愿景

首先，我们要明确学校智慧档案馆的建设目标，这包括但不限于实现信息的全面记录、动态更新、综合处置以及信息互联。同时，我们要有一个长远的愿景，即学校智慧档案馆将成为人才培养、教育决策、社会发展等领域的重要支撑。

（2）制定详细规划

在明确目标与愿景的基础上，我们需要制定详细的规划，包括技术选型、数据标准制定、系统架构设计、实施步骤和时间节点等。规划应充分考虑项目的可行性和可持续性，确保项目的顺利推进。

（3）逐步推进

实施学校智慧档案馆建设是一个逐步推进的过程。我们需要按照规划逐步开展各项工作，包括基础设施建设、数据采集与整合、系统开发与测试、用户培训与推广等。在推进过程中，我们要注重与各方利益相关者的沟通与协作，确保项目的顺利实施。

（4）持续优化与改进

学校智慧档案馆的建设不是一蹴而就的，而是一个持续优化与改进的过程。我们要根据用户反馈和实际需求，不断对系统进行优化和改进，提升系统的稳定性和用户体验。同时，我们也要关注新技术的发展和应用，及时将新技术应用到系统中，提升系统的性能和功能。

2. 展望

展望未来，随着技术的不断进步和应用场景的拓展，学校智慧档案馆将在人才培养、教育决策、社会发展等领域发挥更加重要的作用。

（1）人才培养

学校智慧档案馆将为人才培养提供更加全面、准确的数据支持。通过对学生信息的全面记录和分析，我们可以更加准确地评估学生的发展潜力，为他们提供更加精准的教育指导和职业规划建议。同时，学校智慧档案馆也可以为学生提供一个更加开放、多元的学习平台，让他们能够接触到更多的学习资源和学习方式。

（2）教育决策

学校智慧档案馆将为教育决策提供更加科学、可靠的数据依据。通过对大量数据的分析和挖掘，我们可以发现教育过程中存在的问题和不足，为教育政策的制定和调整提供有力的支持。同时，学校智慧档案馆也可以为学校和教师提供更加精准的教学指导和管理建议，提升教学质量和效率。

（3）社会发展

学校智慧档案馆的建设也将对社会发展产生积极的影响。通过实现信息的互联互通和共享交换，我们可以促进教育资源的优化配置和高效利用，为社会发展提供更加坚实的人才支撑。同时，学校智慧档案馆也可以为政府、企业等提供更加全面、准确的人才信息支持，为他们的决策和发展提供有力的帮助。

总之，通过这样的建设思路和实施路径，我们可以期待学校智慧档案馆在人才终身化管理中发挥更大的作用，为学生的全面发展和社会融入提供坚实的数据支撑和信息服务。

第五节 “互联网 +”时代下智慧档案馆建设的方法

一、智慧档案馆建设的现实机遇

在网络时代，智慧城市进程不断深入，智慧档案馆作为新生事物也处于探索发展的阶段。当下，国家政策、先进技术、物联网在各行各业的成熟运用经验和数字化档案建设的丰硕成果为档案馆智慧化转型提供了强有力的保障。档案馆应紧抓机遇，乘势而上，促进新生事物的健康发展。

（一）国家政策的保障

一个新兴行业的萌生和成长必须以国家的政策支持作为有力后盾，近年来，在大数据技术飞速发展并对各行各业产生翻天覆地影响的背景下，国家颁布实施一系列有关人工智能的应用发展等政策文件，如《全国档案事业发展“十三五”规划纲要》中明确地指出，要“采用大数据、智慧管理、智能楼宇管理等技术，提高档案馆业务信息化和档案信息资源深度开发与服务水平”；《大数据产业发展规划（2016—2020 年）》也提到了产业数字化发展的必要性和重大意义——国家的政策支持推动着档案馆积极转型。

（二）先进技术的支持

在物联网技术基础上建设智慧档案馆，使档案馆内管理设备、建筑设施与管理系统等信息共享，将互联网服务应用在所有档案馆的软件、硬件、流程中，信息全部互联互通，真正实现了在馆藏、管理、传输等各个环节的智慧化、自动化、便捷化。同时，可以将多种档案信息资源和原始资料信息输入到大数据系统中，从而深入挖掘有价值的信息、主动推送、高效检索，使其具备人的智慧，在人工智能、大数据、物联网等技术优势应用下，真正实现智慧档案馆的建设目标。

（三）现实发展的需要

智慧档案馆的出现是时代发展的迫切需要。大数据时代带来更加繁复的档案处理工作，而传统纸质档案在收集、保管、运输方面存在诸多劣势，数字化档案虽然在各个层面比以往有所提升，但是主动性、服务性与技术性仍然逊色。智慧档案馆则克服以上弱点，大大节约人力、物力、财力等成本，在管理建设和安全保管方面具有更大优势。其通过促进档案利用率提升，由此获得更多服务效益，更好地服务民生。

（四）成熟经验的借鉴

目前国内多个城市已经推进了智慧档案馆的建设和应用，比如上海市在建设“智慧城市”的进程中，实现了多家档案馆智慧联动，推动了城市的档案信息化建设。张家港、南京、青岛、杭州等地纷纷加入智慧档案馆建设的阵营，建立了呈现地方特色的智慧档案服务体系，为社会的发展提供智力支持。这些城市已经在智慧档案馆建设方面取得一定的成绩，为其他地区的智能档案馆建设提供了借鉴和支持。

二、智慧档案馆创新实践探索

（一）基础设施建设与整合

在构建智慧档案馆的过程中，硬件设施的配备是至关重要的环节。为确保档案信息的存储、传输和处理具备高效性，我们需引入先进的存储设备，这些设备不仅容量大、存取速度快，而且具有高度的可靠性和稳定性，能有效应对大量档案数据的存储需求。服务器的选择同样不容忽视，它需要具备强大的数据处理能力，以应对不断增长的档案信息处理任务。网络设备的配置也是保障信息流畅传输的关键，我们需构建高速稳定的网络架构，确保档案信息在各系统间的实时传递。

在硬件基础稳固之后，软件系统的整合则成为提升档案工作效率与准确性的关键。我们通过对各类档案管理软件的深入研究和对比分析，选取最适合当前工作需求的软件系统进行整合。通过统一的数据格式和接口标准，实现档案信息的集中管理和高效查询。这不仅简化了操作流程，降低了出错率，还大幅提升了档案工作的整体效率。

在信息化时代，信息安全保障尤为重要。为确保档案信息的安全性和保密性，我们采取了多重防护措施。一方面，我们运用先进的加密技术对档案数据进行加密处理，防止数据在传输和存储过程中被非法获取或篡改。另一方面，我们建立了严格的访问控制机制，对不同用户设定不同的权限等级，确保只有经过授权的人员才能访问相关档案信息。此外，我们还定期进行安全检查和漏洞扫描，及时发现并修复潜在的安全隐患，为档案信息的安全保驾护航。

（二）档案资源数字化加工与保存技术应用

在智慧档案馆建设的实践中，数字化加工流程扮演着至关重要的角色。为确保数字化加工的质量与效率，一套详细而系统的数字化加工流程是必不可少的。此流程包括档案扫描、图像处理以及数据录入等多个关键环节，每一个环节都经过精心设计和优化，旨在最大程度地提升数字化加工的效果。

在档案扫描环节，档案馆引入了先进的扫描设备，并支持TWIN、ISIS高扫模块，这使得扫描过程能够迅速且精准地完成。通过连接各种高速扫描仪，档案文档得以快速自动录入，大大提高了工作效率。图像处理环节同样关键，它能够对扫描后的图像进行优化处理，使图像质量达到最佳状态，为后续的数据处理和分析打下坚实基础。

数据录入作为数字化加工流程的又一核心环节，采用了 OCR 技术实现文本识别。OCR 模块的引入使得电子档案可以轻松地进行 OCR 识别并形成文本文件，极大地方便了后续的档案检索和利用。标准字体的识别率高达 99%，为档案的快速检索提供了有力支持。

除了数字化加工流程的制定外，数字化保存技术同样不容忽视。为了确保数字化档案信息的长期保存和可访问性，档案馆采用了数据备份、容灾恢复等一系列先进的保存技术。这些技术的应用为数字化档案信息的长期安全存储提供了有力保障。

在数字化加工过程中，质量控制同样至关重要。档案馆建立了完善的数字化质量控制体系，对数字化加工过程进行全程监控和评估。通过这一体系，数字化档案信息的准确性和完整性得到了有效保障，为智慧档案馆的建设提供了坚实的数据支持。

（三）服务平台搭建与功能完善举措介绍

在构建服务平台架构时，我们注重设计的合理性与全面性。前端展示模块致力于提供直观、易用的用户界面，使用户能够轻松访问所需的服务。后端处理模块则负责处理用户请求、执行服务逻辑以及与其他系统或数据库进行交互，确保服务流程的顺畅与高效。我们还建立了一套完善的数据存储系统，用以存储和管理用户数据、服务记录等信息，保障数据的安全性和可靠性。

为了提高服务质量和效率，我们始终根据用户需求不断完善服务平台的功能。例如，我们推出了在线查询功能，用户可以通过平台随时查看所需信息，无需再耗费时间进行线下查询。预约服务功能的上线也使得用户能够提前规划自己的行程，避免了因现场排队等待而浪费的时间。我们还加强了用户与服务平台之间的互动交流，通过在线咨询、反馈等功能，使用户能够及时表达需求和意见，以便我们不断改进和优化服务。

在用户体验优化方面,我们始终将用户需求放在首位。通过不断优化界面设计,我们努力提升用户在使用服务平台时的视觉体验。我们还对操作流程进行了简化,减少了不必要的操作步骤,使用户能够更快速地完成所需任务。这些举措不仅提高了用户满意度,还增强了用户对服务平台的忠诚度,为平台的长期稳定发展奠定了坚实基础。

我们致力于打造一个功能完善、用户体验优良的服务平台,为用户提供便捷、高效的服务体验。未来,我们将不断优化和完善服务平台,以满足更多用户的需求,推动行业的进步与发展。

三、"互联网 +"背景下智慧档案建设方法

(一)促进档案资源整合和共享

在互联网基础上,云计算可按照现实需求为相应设备提供动态的、可拓展的资源或信息。线上档案管理部门可在云计算、物联网、大数据技术的基础上创建档案共享网络和开放性互动平台,通过"档案云"将丰富、全面的知识共享服务提供给用户。智慧档案馆既要利用先进技术,对政府民生部门信息、其他档案馆数据进行整合、分析,形成有价值的档案知识,统一上传到"云端",进行平台共享,优化档案格局。另外,在线下也要开展档案融合建设,创建多样化民生档案数据库,保留基础档案馆功能,供用户一键查询,实现一站式服务,避免群众多跑腿的现象。

(二)开发和保护档案资源并重

智能档案馆大幅提升了档案收集、存储、保管、开发、利用的便捷性、安全性和可靠性。一体化的环境维护、高科技的修复水平、远程操作精准定位等功能,都能进一步保护好珍贵的档案资源。充分利用智能技术现代化管理档案馆,可利用物联网技术将网络与任意物体联系起来,实现智能信息交换与通信,促进智能识别、跟踪与监管等目标,加强档案的保管功能;RFID 技术可为档案实体等植入标签,使密集架、档案、库房等整合起来,依靠感知技术获取档案状态,实现档案智能监管目标,保证档案安全;依托大数据技术和云计算功能,能够深度开发资源,准确挖掘具有价值的信息,全面掌握档案馆实际情况,充分了解用户个性化、准确化需求。

(三)依托人工智能提升服务质量

智慧档案馆利用人工智能可以为用户在利用档案过程中提供更贴心的智慧化、

人性化和个性化服务，提升线上线下的服务质量。一是可以改善用户体验感，利用指纹、语音、人脸等先进技术进行身份识别，采集信息后录入系统，再次查询时便可结合关联过的基本信息，提高查档效率和舒适感；二是可结合用户历史操作和喜好需求，为其主动推送相关档案信息，帮助用户更加快速、全面地获取所需信息与相关资料；三是通过微信公众号、官方 APP、微信小程序、智能问答系统等，实现掌上移动智慧档案馆，轻松完成自助查档、文件查阅、参观分享、互动反馈等操作；四是通过感知技术、互动多媒体技术为用户提供如微电影、数字展览、3D 体验、VR 参观等形式多样、可感可触的双向交互式档案信息体验。

（四）重视软环境建设，提升管理标准

在智慧档案建设中，软环境建设同样重要。首先，应制定智慧档案馆的总体的行业规范，明确智慧档案的应用标准，完善工作规章制度，对数据采集、质量与安全等方面建立共性标准；其次，加强人才队伍建设，落实人才优惠政策，与科研院所、学校建立合作关系，培养全面型、高素质的智慧档案人员，加强员工的培训教育，增强其对数据挖掘分析、对档案综合开发的水平，丰富其在计算机素养、智能系统操作能力上的知识，在内部管理机制、考核监督、服务形式上也要进行进一步的探索；为达到可持续发展，还要注重利用广播、电视、微信、微博等新旧媒体对智慧档案馆进行广泛宣传推广，提升品牌形象和知名度。特别是注重利用时下热门的社交媒体来培养用户黏性，使更多用户了解并灵活运用智慧档案，使档案价值得到充分发挥。

第六节　基于智慧城市的智慧档案馆运营及设计

一、智慧城市背景下智慧档案馆建设的意义

（一）显著提升档案管理效率

在智慧城市的大背景下，智慧档案馆的建设标志着档案管理进入了一个全新的时代。通过运用信息技术、大数据、人工智能等先进技术，智慧档案馆实现了档案的数字化、信息化、智能化管理，从而大幅提升了档案管理效率。智能化的数据采集、存储和检索系统，能够快速、准确地检索和提供档案信息，极大地减少了传统手工整理和检索档案的时间和劳动成本。同时，这种智能化的管理方式还降低了档案管理过程中的风险（如丢失、损坏和误用等），保证了档案信息的完整性和安全性。

（二）提供个性化、精准化的服务

智慧档案馆不仅是一个存储和管理档案的地方，更是一个能够提供个性化、精准化服务的平台。通过深入的数据分析和智能推荐算法，智慧档案馆可以根据用户的浏览历史、借阅记录等信息，精准地把握用户的兴趣和需求，从而为用户主动推荐相关的档案资料和服务。这种个性化的服务方式，不仅提高了用户的使用体验，也增强了用户与档案馆之间的黏性。此外，智慧档案馆还通过移动应用APP和互联网平台，实现了多渠道的档案服务，方便用户随时随地获取档案信息，进一步提升了服务的便捷性和可及性。

（三）加强档案资源的共享与交流

智慧档案馆的建设，打破了传统档案管理中的信息孤岛现象，实现了档案的跨部门、跨地区的共享与交流。通过建立统一的档案管理平台，不同部门和地区的档案可以实现互联互通，从而提高档案资源的利用效率。这种共享与交流的方式，不仅有助于提升政府部门的协同工作能力，促进政务数据的共享和开放，还为政府决策和公众服务提供了更准确、及时的信息支持。此外，智慧档案馆的开放性和共享性，还有助于推动社会文化的交流和传承，为公众提供更丰富、多元的文化资源。

（四）促进智慧城市的发展

作为智慧城市中的重要数据资源，智慧档案馆在推动智慧城市的建设和发展中发挥着不可替代的作用。首先，智慧档案馆可以为城市规划、交通管理、环境保护等领域提供重要的参考和依据，帮助政府和企业做出科学决策。其次，智慧档案馆的开放性和共享性，有助于促进政府数据的公开和透明，增强公众对政府的信任和支持。最后，智慧档案馆还可以为公众提供丰富的文化、历史和科研资料，丰富城市居民的文化生活，提升城市的文化软实力。因此，智慧档案馆的建设，不仅有助于推动智慧城市的建设和发展，还有助于提升城市的综合竞争力和可持续发展能力。

二、依托技术手段，构建共享型智慧档案馆利用模式

（一）云计算技术的应用

云计算能通过网络云将巨大的数据计算处理程序分解成无数个小程序，在很短的时间内完成对数以万计的数据的处理，从而达到强大的网络服务。利用云计算技术，搭建“档案云”，档案馆可以通过网络连接不受时空限制地访问和存取分布在云端的档案资源，实现档案资源共享。打造基于互联互通的档案网络，将各自独立而分散的档案资源整合为云存储系统中的一部分，有助于实现若干个体档案馆的联动与馆际资源共享。从纵向上看，云计算增强了馆际间馆藏资源的互相传递。馆际间馆藏资源的互相传递是各地、各种类型档案馆之间在云计算技术应用下的主要应用方式，其主要目的是加强馆藏数字资源的传递，如档案的索引、目录、全文等。从横向上看，云计算也增强了智慧档案馆与其他文化事业单位的信息交流，做到资源共享，互通有无。

（二）大数据技术的应用

大数据技术在智慧档案馆方面的应用，主要依赖于其存储容量大、数据计算模式丰富、类型多、速度快等特征，非常适合成为数据形成地点分散、形成时间不固定、数量大且类型多的档案信息资源的主要处理模式。而其强大的数据分析和挖掘功能，更契合智慧档案馆对数据分析和知识挖掘的实际需求。可以说大数据技术是档案信息处理技术的 2.0 版本，是更为先进高效的信息处理技术，对档案信息资源从形成到利用都具有非常重要的意义。

将大数据技术应用于智慧档案馆是档案利用服务的重头戏。大数据具有高速、类型多样、存储量大等特性，对于档案业务收集、保管直至利用等流程都产生巨

大作用。例如，在收集环节，档案馆无需参照归档范围对归档的文件进行判定，大数据技术的分析功能可以自动对文件材料进行筛选；在保管环节，面对冗繁的馆藏信息资源，大数据相对于云平台的存储功能，还有数据挖掘、分析等功能，可以对海量的档案信息资源进行逻辑处理，协助档案馆员提高查全率和查准率。

（三）单轨制档案管理的推进与探索

伴随着无纸化办公的推进，档案载体从单纯的纸质向电子与纸质双套制的变革，再从双套制转变为只存留电子文件的单套制变革（单套制→双套制→单套制）。具有节省时间成本及经济成本、实现无线传输、提高知识管理等优势的无纸化办公模式，可以使档案工作者从繁重的档案整理活动中解放出来，把更多的精力用于挖掘档案信息资源所内含的隐性知识和显性知识，用于档案馆的智慧输出，更好地为用户服务。无纸化办公的发展，尤其是电子文件单套制档案管理模式的推进是智慧档案馆建设的基础条件，其多重优势对智慧档案馆的建设和运行具有很大影响，这个必然推进的进程，亦是智慧档案馆建设的“东风”。

（四）物联网技术的应用

感知层、平台层和应用层共同构成物联网的基本架构。构建智慧档案馆的关键性技术之一就是物联网技术，其实现了人和物的连接，即将虚拟的档案信息和档案利用者之间联系起来。自动感知利用者的个人信息和需求信息，将档案的馆藏信息和利用者的需求信息有机联系起来，使档案利用者的个性化需求得到全面而准确的满足。利用者与档案馆藏的海量信息交互的过程，同时也是档案信息和利用者之间的沟通。这种沟通，使智慧档案馆对利用者的服务体现出两方面的优势：第一，主动服务优势，感知层可以对来访者（查档者）的个人信息进行识别，比如年龄、单位、工作岗位等，根据他们的查档目的快速帮其查找到所需要的档案信息内容，改变了以往的坐等上门服务，服务方式更主动。第二，针对性服务优势，结合大数据分析平台，可以时刻收集用户的利用信息，并且将信息进行细化，比如，可以把用户所在区域、个人爱好、语言等信息进行细化，针对不同用户的不同需求，为其“量身定做”精准的服务。在经过大数据平台的信息处理后，形成新的利用方案，向用户提供有针对性的信息服务，形成“私人定制”的理想服务状态。

（五）区块链技术的应用

区块链技术主要架构是由共识性思维、分布式存储思维、合约性思维、跨链思维以及加密思维等构成的。针对目前我国档案馆的信息服务模式多数采用线下为主的服务形式、档案信息利用者被动地利用档案信息资源的情况，嵌入区块链技术可以对现阶段智慧档案馆的信息服务模式优化。比如，可以运用共识性思维构建档案信息服务联盟，利用分布式存储思维建立相对统一的去中心存储和服务平台，运用合约性思维实现档案信息自动化服务，运用跨链思维解决不同系统间的共建共享服务，运用加密思维保障档案信息资源的安全存储等等。

三、建设智慧档案馆存在的问题及对策

（一）存在的问题

1. 政策与资金支持不足

智慧档案馆的建设不仅需要技术支撑，更需要政策的引领和资金的保障。然而，当前部分地区的政策对智慧档案馆的支持力度不足，资金投入有限，导致智慧档案馆的建设进度缓慢，功能不够完善，难以满足社会对档案信息服务的日益增长的需求。

2. 标准体系不完善

档案信息化水平参差不齐，安全问题频发，这主要源于智慧档案馆建设缺乏完善的标准体系。没有统一的建设标准，各地档案数字化建设存在盲目性和随意性，导致数字化档案质量参差不齐，难以实现跨地区、跨部门的档案信息共享和利用。

3. 档案人才队伍素质不高

档案管理人员普遍存在信息技术知识匮乏的问题，这成为制约智慧档案馆建设的重要因素。许多档案管理人员虽然熟悉档案管理工作，但缺乏现代信息技术应用能力，无法适应档案信息化建设的需求，导致智慧档案馆的建设水平难以提升。

（二）对策与建议

1. 加强政策与资金支持

相关部门应充分认识到智慧档案馆建设的重要性，制定相关政策，加大资金支持力度，推动智慧档案馆的建设。同时，可以探索多元化的资金筹措方式，如引入社会资本参与智慧档案馆建设，提高建设效率和质量。

2. 完善标准体系建设

应建立健全智慧档案馆建设的标准体系，明确建设标准、技术要求和安全规范等，确保档案数字化建设工作的规范性和统一性。同时，加强标准体系的宣传和培训，增强档案管理人员的标准意识和执行能力。

3. 加强档案人才队伍建设

应注重档案管理人员信息化素质的提升，通过培训、进修等方式提高其现代

信息技术应用能力。同时，加强档案管理人员的创新意识和实践能力培养，锻造一专多能的复合型档案专业人才队伍。此外，还可以引入具备信息技术和档案管理双重背景的人才，为智慧档案馆建设提供有力的人才保障。

智慧档案馆建设是智慧城市建设的重要组成部分，也是我国档案事业与“互联网 +”战略深度融合的具体实践。在“互联网 +”时代背景下，智慧档案馆建设具有必然趋势和重要意义。因此，我们应充分认识到智慧档案馆建设存在的问题和挑战，加强政策与资金支持、完善标准体系建设、加强档案人才队伍建设等方面的工作，推动智慧档案馆建设不断取得新进展和新成效。

第五章

“互联网 +”思维下的学校档案管理

第一节 “互联网 +”思维下推进学校档案管理现代化建设

一、学校档案管理现代化必要性

在当前的信息化时代，档案管理面临着前所未有的挑战与机遇。通过引入现代化的信息技术手段，档案管理在效率和准确性上实现了显著的提升。传统的手工档案管理方式不仅效率低下，而且容易出错，难以适应大规模的数据处理需求。而现代信息技术的运用，如电子档案管理系统、数字化扫描技术等，使得档案的存储、检索和利用变得更为便捷和高效。这种信息化手段也大大降低了管理成本，减少了纸质档案的使用和存储空间，为企业和机构节约了大量的资源。

档案管理现代化不仅提高了效率，更在信息安全保障方面发挥了重要作用。传统的档案管理方式面临着丢失、损坏和篡改等多重风险，给档案信息的真实性和完整性带来了严重威胁。而现代化档案管理通过采用数据加密、权限控制等安全技术手段，有效防止了档案信息的非法访问和恶意篡改，确保了档案信息的安全可靠。

档案管理现代化还有助于促进资源共享。在数字化和网络化的支持下，档案信息可以方便地在不同部门、不同人员之间进行共享和交流。这不仅提高了档案信息的利用率，也加强了不同部门之间的协同合作，推动了整体工作效率的提升。通过档案管理现代化，我们还可以实现档案信息的远程访问和利用，为远程办公和移动办公提供了便利条件。

档案管理现代化是提高管理效率、保障信息安全和促进资源共享的重要途径。我们应当积极采用现代信息技术手段，推动档案管理的创新与发展，以便适应信息化时代的挑战和需求。

二、学校档案管理现状分析

（一）传统档案管理模式弊端剖析

传统档案管理模式主要是以纸质档案为核心，这种管理方式在现代化管理的进程中显得捉襟见肘。纸质档案的查询、借阅、归档等操作繁琐且效率低下，无法满足现代信息社会对档案信息的高效处理需求。随着信息化时代的到来，传统档案管理方式亟须变革以适应现代化管理的迫切需求。

在存储空间方面，纸质档案占用了大量的物理空间，这在一定程度上限制了档案数量的增长。随着时间的推移，档案数量的不断增加导致存储空间愈发紧张，进而引发管理成本的攀升。面对这种困境，传统的档案管理模式亟需优化升级，以释放更多的存储空间并降低管理成本。

在安全性方面纸质档案，也存在诸多不足。它们容易受到潮湿、虫蛀、火灾等自然因素的影响,导致档案损坏或丢失。纸质档案也面临着被盗取或篡改的风险，这使得档案信息的真实性和完整性难以得到保障。在信息安全日益受到重视的今天，纸质档案的安全性问题显得尤为突出。

传统档案管理模式在效率、存储空间及安全性等方面均存在显著的不足。为了提高档案管理效率、释放存储空间并保障档案安全性，我们有必要对传统档案管理模式进行深刻反思与改革。通过引入信息化技术手段，推动档案管理的数字化转型，我们有望克服传统档案管理模式的弊端，实现档案管理的现代化、高效化和安全化。

（二）信息化建设进程回顾与总结

近年来，随着信息化技术的飞速发展与广泛应用，学校档案管理部门亦开始积极引入相关技术，旨在提升档案管理的效率与水平。在初步探索阶段，学校档案管理部门审慎选择了电子档案管理系统、数字化扫描设备等一系列现代化管理工具，这些工具的应用有效提升了档案管理的自动化与智能化水平，显著减轻了档案管理员的工作负担。

随后，学校档案管理部门逐步将信息化技术渗透到档案管理的各个环节，形成了一套完整的信息化管理流程。从档案的数字化录入、分类存储，到在线查询、电子借阅等功能的实现，信息化技术都发挥了不可或缺的作用。这一系列举措使得档案管理更为便捷、高效，同时也大大提高了档案信息的利用率与安全性。

随着信息化建设的不断深入，学校档案管理部门成功实现了从传统模式向现代化模式的转变。在这一过程中，档案管理效率得到了显著提升，管理质量也得到了有效保障。相较于传统的手工管理模式，信息化建设不仅减少了人为因素导致的错误，还通过数据分析与挖掘，为学校的决策与发展提供了更为准确、全面的档案信息支持。

信息化建设还有效降低了学校档案管理的成本。数字化档案存储不仅节省了存储空间，还减少了纸质档案的维护成本。在线查询与电子借阅功能的实现，也避免了传统借阅方式中可能出现的档案丢失与损坏等问题，进一步降低了管理风险与成本。

学校档案管理部门的信息化建设成果显著，不仅提升了档案管理的效率与质量，还为学校的发展提供了有力支持。未来，随着信息化技术的不断进步与创新，学校档案管理部门将继续深化信息化建设，推动档案管理工作向更高水平发展。

（三）面临挑战及存在问题探讨

在信息技术日新月异的时代背景下，学校档案管理部门正面临着前所未有的挑战与机遇。伴随着信息化建设的不断推进，传统的档案管理方式已经难以满足日益增长的管理需求，不断更新和升级信息化设备与技术成为学校档案管理部门必须面对的重要课题。

为了应对这一挑战，学校档案管理部门需要紧跟信息技术的发展步伐，积极引进和应用先进的档案管理系统（如电子档案管理平台、数字扫描设备等），以提高档案管理效率和质量。这些新的技术平台不仅能够提高档案的查询速度和处理效率，更能在一定程度上保障档案信息的安全和稳定。

信息化建设过程中的数据安全问题不容忽视。在数字化的档案管理过程中，学校档案管理部门必须严格把控数据访问权限，建立完善的数据备份和恢复机制，确保档案信息不会被非法获取、篡改或损坏。通过采用加密技术、设置防火墙等安全措施，可以有效防止数据泄露和非法访问事件的发生，确保档案信息的真实性和完整性。

信息化档案管理不仅依赖于先进的技术平台，更需要高素质的管理人才来支撑。学校档案管理部门需要加强人员培训，提高档案管理人员的信息技术水平和档案管理能力。通过定期组织专业培训、开展业务交流等方式，可以不断提升档案管理人员的专业素养，为学校的档案管理工作提供有力的人才保障。

学校档案管理部门在信息化建设中需要不断更新和升级技术设备、关注数据安全问题并提升人员素质，以适应新的管理需求并推动档案管理工作的现代化发展。

（四）亟须改革创新点识别

在推进档案管理现代化进程中，学校档案管理部门正积极探索创新的管理模式，旨在提升档案管理的智能化和自动化水平。引入大数据和云计算等先进技术，不仅能够有效解决传统档案管理中存在的数据收集、存储、查询等问题，还能大幅度提高档案管理的效率和准确性。

具体而言，通过大数据分析技术，学校档案管理部门可以深入挖掘档案资源的潜在价值，为用户提供更为精准、个性化的服务。云计算技术则能实现档案数据的云端存储和共享，使得档案管理更加便捷、灵活。这种智能化的管理模式不仅可以减轻档案管理人员的工作负担，还能提高档案管理的整体质量和水平。

加强资源整合也是学校档案管理部门的重要任务之一。通过与校内其他部门的紧密合作，可以实现档案资源的共享和整合，从而提高资源利用效率。这种跨部门合作的模式不仅有助于推动学校整体信息化建设，还能促进各部门之间的信息共享和协同工作，进一步提升学校的综合管理水平。

在提升服务质量方面，学校档案管理部门也做出了积极努力。通过关注用户需求，不断提升服务质量，为用户提供更加便捷、高效的档案管理服务。例如，开展在线咨询和预约服务，可以让用户随时随地获取所需的档案信息，极大地提高用户的满意度和忠诚度。

学校档案管理部门在创新管理模式、加强资源整合和提升服务质量等方面取得了显著成效。未来，随着技术的不断发展和应用的深入推广，相信学校档案管理将迎来更加广阔的发展空间。

三、学校档案管理现代化路径设计与实施方案

（一）明确目标定位与战略规划制定

在推进学校档案管理现代化的进程中，我们首先需要确立清晰的目标定位。这些目标包括显著提升档案管理的效率，确保档案信息的完整性和准确性，以及优化档案利用服务，以更好地满足学校教学、科研和管理等方面的需求。保障档案信息安全也是我们的重要职责，必须确保档案信息的保密性、完整性和可用性。

为实现这些目标，我们需要制定详细且切实可行的战略规划。战略规划应当包括短期、中期和长期的目标设定，每个阶段都应明确具体的实施步骤和措施。短期目标可以聚焦于完善档案管理流程和加强档案数字化建设，以提高工作效率；中期目标则可以着眼于优化档案服务机制，提升档案信息的利用价值；长期目标则应当关注档案管理的创新发展，探索新的管理模式和技术应用。

在资源整合与利用方面，我们需要充分利用现有的资源条件，包括人力资源、物力资源和财力资源等。通过优化资源配置，我们可以实现资源的高效利用，提高档案管理的整体水平。我们还应积极探索新的资源获取途径，如开展校企合作、

争取政府支持等，以进一步充实档案管理的资源基础。

学校档案管理现代化是一项系统而复杂的工程，需要我们在目标定位、战略规划制定以及资源整合与利用等方面下足功夫。只有通过科学规划、精准实施和不断创新，我们才能推动学校档案管理现代化取得实质性进展，为学校的发展提供有力支撑。

（二）基础设施建设及技术支持保障措施部署

在当前信息爆炸的时代背景下，学校档案管理工作面临着前所未有的挑战与机遇。为确保档案信息的有效管理与高效利用，我们有必要采取一系列有力措施，夯实基础设施建设，强化技术支持保障，以及加强网络安全防护。

在基础设施建设方面，我们着力提升学校档案库房与阅览室的硬件设施水平。档案库房按照专业化、标准化的要求进行了改造升级，引入了恒温恒湿设备，优化了档案存储环境，确保了档案材料的长期保存。阅览室则配备了现代化阅读设施，提供了舒适便捷的查阅环境，极大提升了档案信息的利用效率。

技术支持保障是提升档案管理水平的关键。我们积极引入先进的档案管理系统和技术（如数字化技术、云计算技术等），实现了档案信息的数字化管理和在线查询。这不仅提高了档案管理的信息化水平，还使得档案信息的共享与利用变得更加便捷高效。

最后，网络安全保障是档案管理不可忽视的一环。我们高度重视网络安全防护工作，通过采取一系列技术措施（如安装防火墙、使用加密技术等），确保了档案信息的安全性和保密性。同时，我们还加强了档案管理人员的网络安全意识培训，提升了他们在面对网络安全威胁时的应对能力。

通过加强基础设施建设、技术支持保障以及网络安全防护，我们能够有效提升学校档案管理水平，更好地服务于教育教学和科研工作。未来，我们将继续探索档案管理的新模式、新技术，以推动学校档案管理工作的不断发展和进步。

（三）人才队伍培养与激励机制完善策略提升

在人才队伍培养方面，我们必须致力于深化档案管理人员的专业培训，以增强其业务能力和综合素质。这包括但不限于定期举办专题研讨会、技能提升课程和案例分析，确保管理人员能够紧跟行业动态，掌握最新的档案管理理念和技术手段。我们还应推动档案管理人员参与实际项目的操作与管理，通过实践锻炼提升其实战能力。加强与其他档案管理机构的交流与合作，引进外部先进经验和技术，也是提升人才队伍整体水平的重要途径。

激励机制的完善是激发档案管理人员工作热情和创新精神的关键。我们应建立公正、透明的评价标准和奖励机制，根据管理人员的业绩和贡献给予相应的晋升和奖励。对于在档案管理工作中表现出色的个人和团队，应给予充分的认可和表彰，树立榜样效应，激发整个团队的工作热情。

在团队建设与协作方面，我们需要强化档案管理团队的凝聚力和合作精神。通过定期召开团队会议、开展团队建设活动等方式，增进团队成员之间的沟通和理解，建立相互信任和支持的工作氛围。还应建立健全团队协作机制，明确各成员的职责和分工，确保档案管理工作的顺利进行。鼓励团队成员之间的知识共享和经验交流，形成优势互补、共同发展的良好局面。

通过加强人才队伍培养、完善激励机制以及强化团队建设与协作，我们可以有效提升档案管理人员的业务能力和综合素质，推动档案管理工作的规范化、高效化和创新化发展。

（四）持续改进机制构建及效果评估方法论述

在构建持续改进机制的过程中，档案管理工作需要遵循一套严谨且系统的流程。该机制的核心在于建立一个定期自查与评估的循环，确保档案管理工作能够不断自我完善，持续提升。通过定期对档案进行审查、整理和分析，我们能够及时发现管理工作中存在的问题，并针对这些问题制定切实可行的整改措施。这些整改措施旨在优化档案管理流程，提升档案信息的准确性和完整性，确保档案的安全与保密。

为了确保评估结果的科学性和客观性，我们需要制定一套具有针对性和可操作性的评估指标和方法。这些指标和方法应该能够全面反映档案管理工作的各个方面，包括档案收集、整理、存储、利用等各个环节。评估过程应严格遵循公正、公平、公开的原则，确保评估结果的准确性和可信度。

在获取评估结果后，我们需要对档案管理工作进行及时的反馈和调整。根据评估结果，我们可以发现管理工作中的优点和不足，从而针对性地制定改进策略。对于存在的问题，我们应该深入分析其产生的原因，提出有效的改进措施，并明确责任人和完成时限。我们还需要密切关注档案管理工作的发展趋势，及时调整管理策略，确保档案管理工作能够不断向现代化目标迈进。

持续改进机制的建立是提升档案管理工作质量的关键。通过定期自查、科学评估和及时调整，我们能够不断优化档案管理流程，提升档案信息的价值和利用效率，为组织的决策提供有力支持。

第二节 “互联网 +”思维下中学档案管理与信息化建设

一、互联网视角下中学档案管理信息化的发展

随着时代的发展，互联网视角下中学档案信息化管理的先进模式具有越来越重要的作用，信息化技术为档案管理的发展提供了强大的技术支持。在中学档案管理工作中，实现数字化档案建设，使中学档案以数字形式出现在网络世界，将持续推动中学档案管理水平的提高。实现中学档案管理信息化的重要环节是档案工作规范化、标准化，提高案卷质量是推进档案工作规范化、标准化的可靠保证，利用计算机管理档案是使中学档案工作达到规范化、标准化的有效途径。首先要保证文件入档的规范和完整性，加强电子档案管理的安全和保密性，对特殊的资源信息需要严格管理，对电子档案管理要做到全面性的防护工作。要不断完善数据库建设，使计算机检索功能得到充分发挥，提高档案管理的工作效率。在高科技、信息技术迅猛发展的今天，中学档案的信息化管理是发展的大趋势，真正使档案工作与时俱进、持续发展，这就要求我们档案人员不断更新观念，学习新知识，掌握新技能，才能促进档案工作健康、和谐地发展。

二、中学档案管理中信息化建设现状分析

（一）存在的问题

1. 信息化系统硬件不达标

首先，当前中学档案管理信息化建设中，硬件设备的质量问题尤为突出。一些学校在采购硬件设备时，由于种种原因选择了非正规渠道，这些设备的质量往往难以保证。此外，部分设备的配置极低，不仅使用年限短，而且在性能和稳定性上也远远达不到国家对于中学档案信息管理硬件设备的标准。这种低质量的硬件设备不仅增加了维护的难度，而且极大地影响了档案管理的正常运行。

其次，设备老旧是另一个不容忽视的问题。在一些地区，特别是偏远和落后的农村地区，中学档案管理的硬件设备由于长期使用和缺乏必要的维护，已经出

现了严重的老化现象。这些老旧的设备在功能上已经无法满足现代档案管理的需求，如查询、扫描等基本功能都可能出现问题。此外，由于设备老化，其稳定性和可靠性也大大降低，很容易出现故障，严重影响档案管理的正常进行。

最后，设备更新过程中的问题也不容忽视。在一些地区，虽然已经开始进行信息化设备的更新换代，但在实际操作中却存在诸多问题。一方面，设备更新过程缓慢，无法及时跟上信息化发展的步伐；另一方面，在设备选择上存在盲目性和随意性，往往只是简单地追求降低成本而选择了配置较低、性能较差的设备。这些设备在内存容量、处理速度等方面都无法满足现代档案管理的需求，严重影响了档案管理的效率和质量。

综上所述，信息化系统硬件不达标已经成为制约中学档案管理信息化建设的重要因素之一。为了解决这个问题，需要加强对硬件设备采购的监管和管理，确保采购到高质量、高性能的硬件设备；同时，还需要加强对设备的维护和保养工作，延长设备的使用寿命和稳定性；最后，还需要加快设备更新的步伐，及时引进先进的信息化设备和技术手段，提高档案管理的效率和质量。

2. 软件系统不合适

在推进中学档案信息化管理系统建设的过程中，许多地区由于预算限制和初期需求考虑，选择了单机版电子档案管理软件。这类软件在成本上确实具有一定的优势，能够解决中学档案管理中资金紧张的问题，并且在某些方面，如数据统计、管理便利性和查找效率上，也提供了不少的帮助，有助于实现档案管理的精细化。然而，随着信息化建设的深入发展，传统的单机版电子档案管理软件所暴露出的问题也越来越多。

首先，其适用范围相对狭窄，主要局限于单机环境，无法适应多样化的网络环境。这使得许多中学档案管理功能无法实现联网操作，从而无法满足信息共享的需求。在现代社会中，信息共享对于提高档案管理效率、促进教育资源优化配置具有重要意义，而单机版软件的局限性无疑成为这一过程中的阻碍。

其次，传统软件在智能化和自动化方面存在明显的不足。随着技术的不断进步，人们对于档案管理系统的智能化和自动化水平提出了更高的要求。然而，单机版电子档案管理软件在智能识别、自动分类、自动备份等方面往往表现不佳，无法满足智能化和自动化管理的需求。在实际运用过程中，管理者仍然需要投入大量的人力和时间进行辅助操作，这无疑增加了管理成本，降低了管理效率。

最后，传统软件在功能更新和升级方面也存在一定的困难。由于软件设计和开发的技术限制，以及后期维护和支持的不足，许多单机版电子档案管理软件在功能更新和升级方面往往滞后于实际需求。这使得中学档案管理系统无法及时跟上信息化发展的步伐，无法充分利用新技术、新方法提高档案管理效率和质量。

因此，为了推动中学档案信息化管理系统的持续发展，需要逐步淘汰传统的单机版电子档案管理软件，转向更加先进、智能、自动化的网络版档案管理系统。同时，还需要加强对于档案管理系统的技术支持和维护保障，确保系统能够稳定运行、及时更新和升级，满足中学档案管理的实际需求。

3. 档案管理者欠缺专业技术和责任心

信息化管理对老旧的信息化设备进行更新换代，有效引进先进技术，有利于中学档案管理，使其具备数字化、自动化以及智能化等功能。但是人才方面却没有跟随时代脚步，诸多中学档案管理者缺乏专业的信息技术知识，不会合理运用先进软件以及系统进行管理，妨碍了信息化建设的步伐。一方面，由于很多员工受到传统思想的约束，在引进先进技术过程中，持反对意见，从而影响信息化建设的步伐。另一方面，很多档案管理工作人员没有责任心，存在懒惰心理，常会发生玩忽职守现象。这些情况都会给中学档案管理信息化建设发展的速度带来不利影响。虽然有的员工经验非常丰富，能力也很高，但是不能发挥自身优势，甚至会影响中学档案管理信息化建设发展，有时候还会限制其发展。

（二）中学档案管理信息化建设出现问题的原因

现阶段，中学档案管理信息化建设出现以上问题的原因是：由于中学档案管理不能直接为社会提供更多经济效益，造成有的领导不重视该建设的管理。领导不重视的情况下，基层管理者以及农民更不会对其进行重视，因此在管理过程中经常会出现懒散怠工以及玩忽职守的现象，给管理的质量以及工作效率带来不利影响。由于领导者缺乏关注，中学档案管理方面的资金、人力等方面都受到限制，因此档案管理的信息化建设的速度以及质量都会受到影响。

三、处理问题的策略

（一）重视并引进先进的信息化系统

在当前的教育环境中，中学档案管理不仅关乎学校的运营效率和资源利用，更直接关系到学生信息的准确性和安全性。因此，我们必须不断加强对中学档案管理的重视程度，并特别关注其信息化建设的进程。

首先，要从思想上充分认识到中学档案管理信息化建设的重要性。这不仅仅是为了适应信息化时代的发展潮流，更是为了提高档案管理的效率和准确性，确保学生信息的完整性和安全性。只有当我们真正意识到这一点，才能够更加积极地投入信息化建设的工作中。

其次，我们需要正确了解信息化建设在中学档案管理中的作用。通过引入先进的信息化系统，我们可以实现档案管理的自动化、智能化和网络化，从而大大提高档案管理的效率和准确性。同时，信息化系统还可以实现信息的共享和交互，方便学校内部各部门之间的沟通和协作，提高学校整体的运营效率。

再次，为了推动信息化建设的发展步伐，我们需要加大资金投入和人力支持。一方面，要增加对档案管理信息化建设的专项资金投入，确保系统建设、设备购置、软件开发等各个环节都能够得到充足的资金支持。另一方面，要配备专业的技术人员和管理人员，负责系统的维护、升级和日常管理工作，确保信息化系统的正常运行和持续优化。

最后，我们还需要积极引进先进的信息化系统和技术。这不仅可以提高我们档案管理系统的技术水平，还可以借鉴其他成功案例的经验和教训，避免在信息化建设过程中走弯路。通过引进先进的信息化系统和技术，我们可以更好地满足学校档案管理的实际需求，提高档案管理的效率和质量。

总之，重视并引进先进的信息化系统是中学档案管理信息化建设的重要一环。只有当我们真正认识到信息化建设的重要性，并投入足够的资金和人力支持时，才能够推动中学档案管理信息化建设不断向前发展。

（二）强化培训，提升智能化和自动化

为了强化中学档案管理的智能化和自动化水平，我们需要从多个方面入手，全面提升管理者的信息技术水平和职业素养。以下是对这一过程的详细扩写：

首先，我们必须充分认识到提升管理者信息技术水平的重要性。在信息化时代，中学档案管理已经不再局限于传统的纸质管理方式，而是更多地依赖于计算机和网络技术。因此，管理者必须具备一定的信息技术知识和应用能力，才能够更好地适应信息化管理的需求。

其次，为了提升管理者的信息技术水平，我们可以将该工作纳入整体培训计划中，确保每个中学部门都能够得到专业的培训资源。在培训过程中，我们可以邀请信息技术行业的专业人才进行授课，确保培训内容的前沿性和实用性。同时，我们还要注重培养管理者的实践操作能力，让他们能够在实际工作中熟练运用所学知识。

除了技术水平的提升，我们还要加强管理者的职业素养培训。中学档案管理是一项需要高度责任心和敬业精神的工作，管理者必须具备良好的职业素养，才能够更好地履行职责。在培训过程中，我们要强化思想教育，让管理者充分认识到档案管理工作的重要性，并培养他们的责任感和使命感。

再次，在提升团队整体水平方面，我们可以积极引进社会上信息技术水平高、职业综合素质强的专业人才。这些人才的加入不仅可以为团队带来新的思维和技术，还可以为团队注入新的活力，推动团队整体水平的提升。

最后，全社会也应该逐渐重视起中学档案管理信息系统的智能化和自动化研究。我们应该鼓励和支持相关科研机构和高校开展这方面的研究，快速研发出高智能、高自动化的专业信息系统。这些系统的应用将大大提高中学档案管理的效率和质量，为学校的运营和发展提供有力的支持。

总之，提升中学档案管理的智能化和自动化水平是一个长期而复杂的过程。我们需要从多方面入手，全面提升管理者的信息技术水平和职业素养，同时加强团队的建设和引进优秀人才。只有这样，我们才能够不断提高中学档案管理的效率和质量，为学校的运营和发展做出更大的贡献。

（三）引进专业人才

为了推动中学档案管理工作的信息化进程，除了不断完善基础设施、确保档案信息管理拥有与之相匹配的系统之外，更为重要的是档案管理部门必须拥有一支具备相关专业技术的人才队伍。这些技术人才不仅需要精通计算机等信息技术知识，还需要对档案管理领域有深入的了解，掌握相关的管理专业知识。

首先，技术人才在档案管理信息化建设中扮演着至关重要的角色。他们既要熟练操作档案信息系统，确保各项功能的正常运行，还要具备系统故障排查和修复的能力。在信息系统出现问题时，他们需要及时介入，确保问题得到迅速解决，从而避免工作有效性的下降。

其次，引进技术人才对于中学档案管理信息化建设的意义不仅仅在于提供技术支持，还在于为档案管理部门带来先进的管理理念和方法，推动档案管理模式的创新和发展。通过与技术人才的交流和合作，档案管理人员可以更加深入地了解信息化管理的特点和优势，提高档案管理的科学性和规范性。

为了引进这样的技术人才，中学档案管理部门可以采取多种措施。一方面，可以通过社会招聘的方式，吸引具备相关技能和经验的专业人才加入团队。在招聘过程中，要注重对应聘者计算机技能、管理知识和实践经验的考察，确保他们能够胜任档案管理工作。另一方面，中学档案管理部门也可以加强内部培训，提高现有档案管理人员的技能水平。通过组织定期的培训课程、邀请专家举办讲座和指导等方式，让档案管理人员了解最新的信息技术和管理理念，提高他们的综合素质和业务能力。

最后，中学档案管理部门还可以与高校、科研机构等建立合作关系，共同培养档案管理领域的专业人才。通过与这些机构的合作，可以共享资源、交流经验，为中学档案管理信息化建设提供有力的人才保障。

总之，引进专业人才是推动中学档案管理工作信息化的关键所在。只有拥有一支具备相关专业技术的人才队伍，才能确保档案管理信息系统的正常运行和不断优化，提高档案管理的效率和质量。

（四）建立完善的档案管理制度

中学档案管理工作作为学校教育管理中不可或缺的一环，其复杂性和严谨性不容忽视。由于档案管理工作涉及众多方面，包括档案的收集、整理、分类、存储、利用等多个环节，任何一环出现流程不合格或工作偏差，都可能对整个档案管理工作系统造成严重影响，甚至导致档案管理工作的混乱。因此，建立一套完善的档案管理制度显得尤为重要。

中学在建立档案管理制度时，应紧密结合自身单位的性质和管理工作的实际需要，以国家的法律法规为基础，制定出符合学校实际情况的管理制度。这套制度应明确档案管理的目标、原则、职责、权限、程序等关键要素，确保档案管理工作的各个环节都有明确的规范和标准。

为了确保档案管理制度的有效执行，中学在日常工作中需要积极落实各项管理制度。所有参与档案管理工作的人员都应严格遵守制度规定，不得有任何违反制度的行为。同时，学校还应加强对档案管理工作人员的培训和教育，增强他们的专业素养和责任意识，确保他们能够熟练掌握并熟练运用档案管理制度。

在档案管理制度的执行过程中，中学应建立有效的监督机制，对档案管理工作进行定期检查和评估。通过检查评估，及时发现并纠正档案管理工作中存在的问题，推动档案管理工作的持续改进和优化。同时，学校还应建立档案管理工作的奖惩机制，对在档案管理工作中表现突出的个人和集体给予表彰和奖励，对违反制度规定的行为进行严肃处理。

总之，建立完善的档案管理制度是确保中学档案管理工作规范化、高效化进行的关键。通过制度的约束和规范，可以确保档案管理工作的各个环节都符合规定要求，提高档案管理工作的质量和效率。同时，制度的执行和监督也可以促进档案管理工作人员的专业素养和责任意识的提升，为学校的档案管理工作提供有力保障。

综上所述，档案管理信息化可以提高管理人员的工作效率，实现档案管理数据共享，自动统计中学档案信息等。但是在中学档案信息化管理的过程中面对存在的问题，需要采取相应的措施，来解决或克服这些问题，从而提高互联网视角下中学档案管理信息化建设水平。

第三节 “互联网 +”思维下学生学籍档案管理

一、学生学籍档案管理现状分析

在档案管理领域，我们观察到许多学校目前仍然坚守着传统的纸质档案管理模式。尽管这种模式在过去发挥过重要作用，但在当今数字化时代，其弊端逐渐显现。纸质档案不仅容易受到湿度、温度等环境因素的影响，导致损坏和变质，还存在易丢失的风险，一旦发生火灾或其他自然灾害，珍贵的学籍档案可能毁于一旦。纸质档案的查询过程往往繁琐低效，需要耗费大量人力、物力进行翻阅和检索，无法满足快速获取信息的现代教育管理需求。

尽管已有部分学校开始探索学籍档案的信息化建设，但总体来看，信息化程度仍然较低。现有的信息系统功能单一，仅能满足基本的录入和查询功能，而缺乏高级的数据分析、数据挖掘等能力，无法为教育决策和管理工作提供有力支持。信息化建设的标准不统一，不同学校之间的系统互不兼容，导致数据无法有效共享和整合，进一步限制了学籍档案资源的利用价值。

在资源共享与利用方面，传统档案管理方式的局限性导致了学籍档案资源的共享与利用受到严重制约。学校之间缺乏有效的信息交流机制，珍贵的学籍档案资源则无法在不同教育机构之间流通和共享。这不仅阻碍了教育资源的优化配置，也限制了学籍档案在教育研究、政策制定等方面的应用。推动档案管理模式的创新与变革，提高信息化水平，已成为当前学籍档案管理工作面临的重要任务。

二、融入“互联网 +”思维必要性探讨

在当今日益数字化的时代背景下，提升管理效率、促进资源共享以及优化服务质量已经成为学籍档案管理工作的核心目标。为了实现这些目标，引入“互联网 +”思维，将学籍档案管理电子化、数字化已成为行业发展的必然趋势。

通过应用互联网技术，我们可以将传统的纸质学籍档案转化为电子数据，实现学籍信息的快速录入、查询和更新。这种电子化管理模式不仅极大提升了管理

效率，降低了管理成本，还有效减少了因纸质档案易损坏、易丢失而带来的风险。数字化的学籍档案也更便于进行数据统计和分析，为教育管理部门的决策提供有力支持。

借助互联网平台，我们可以打破信息孤岛，实现学籍档案资源的共享与利用。通过统一的学籍档案数据库，不同学校、不同部门之间的信息可以实时互通，从而避免了重复劳动和数据不一致的问题。这种资源共享模式不仅提高了资源利用效率，还促进了教育资源的均衡分配，有助于提升整体教育质量。

通过优化学籍档案管理流程，我们可以进一步提高服务质量。例如，通过提供在线查询服务，学生和家长可以随时随地了解自己的学籍信息，提升服务的便捷性；通过简化办事流程，教师可以更加高效地处理与学籍相关的业务，提高服务的效率。这些措施不仅满足了学生、家长和教师的需求，还提升了学校和教育管理部门的形象。

引入“互联网 +”思维，实现学籍档案的电子化、数字化管理是一项具有重要意义的工作。它不仅可以提高管理效率、促进资源共享，还可以优化服务质量，为教育事业的发展注入新的活力。

三、学籍档案管理创新与实践意义

在当前教育领域中，推动改革和创新已成为提升教育质量的关键所在。特别是在学籍档案管理方面，融入“互联网 +”思维对于实现教育的现代化、信息化和管理科学化具有重要意义。

“互联网 +”思维的核心在于将信息技术和互联网平台与传统行业相结合，通过数据的共享、分析与应用，实现业务流程的优化和创新。在学籍档案管理中，引入“互联网 +”思维可以显著提升档案管理的效率和准确性。例如，通过电子化的学籍档案管理系统，学校可以实现信息的实时更新、查询和共享，极大地提高管理效率。利用大数据分析技术，学校还可以对学籍数据进行深入挖掘，为教育决策提供有力支持。

优化学籍档案管理也是提升学校形象的重要途径。一个信息化水平高、管理水平先进的学校，往往能够赢得社会的广泛认可和赞誉。通过引入“互联网 +”思维，学校可以建立起一套完善、高效的学籍档案管理体系，展示出其先进的教育理念和管理水平，进一步提升学校的知名度和影响力。

培养学生的创新意识和实践能力也是教育领域改革的重要目标之一。在学籍档案管理中融入“互联网 +”思维，不仅可以提高档案管理的现代化水平，还可以为学生提供一个充满创新和实践氛围的学习环境。学生们可以在这一过程中学习到先进的信息技术知识，培养自己的创新意识和实践能力，为未来的社会发展贡献自己的力量。

将“互联网 +”思维融入学籍档案管理中，是推动教育领域改革和创新的重要举措。通过优化学籍档案管理，提升学校的信息化水平和管理水平，不仅可以提高教育质量，还可以为培养更多优秀人才奠定坚实基础。

四、传统学生学籍档案管理模式剖析

（一）传统模式特点及存在问题

在传统的学生学籍档案管理模式中，纸质档案占据了主导地位。这种模式的核心在于对档案的实体保存和依赖手工操作进行管理。随着时间的推移，这种模式暴露出诸多问题和挑战。

一方面，纸质档案本身具有易受潮、易损坏的特性，这使得档案的长期保存变得极为困难。尤其是在环境湿度变化较大或存储条件不佳的情况下，纸质档案很容易遭受损害，导致信息丢失或无法识别。纸质档案在翻阅和查询过程中也容易出现磨损情况，进一步缩短其使用寿命。

另一方面，手工操作管理模式效率低下，且容易出错。由于档案数量庞大，管理人员需要花费大量时间和精力进行档案的整理、归类和查询。这种繁琐的操作不仅增加了人力成本，而且容易导致人为错误，如档案丢失、信息记录错误等。

传统学籍档案管理模式在档案查询和更新方面也存在困难。由于档案分散存储，缺乏统一的管理系统，使得查询和更新档案变得异常繁琐。信息共享的障碍也制约了学籍档案的有效利用。不同部门或机构之间难以实现档案信息的快速传递和共享，影响了教育管理工作的效率和质量。

传统学生学籍档案管理模式虽然在一定程度上满足了档案管理的基本需求，但其存在的问题和挑战不容忽视。为了解决这些问题，我们需要探索更加先进、高效的学籍档案管理方式，以适应现代教育的发展需求。

（二）信息录入、查询与更新流程梳理

在传统的学籍管理模式中，学籍信息的录入工作往往依赖于人工操作。这一过程中，需要详细记录学生的基本信息、各学期的学习成绩以及各类奖惩记录。由于数据量庞大且内容繁杂，人工录入不仅工作量大，而且极易出现录入错误，

如数据遗漏、信息混淆或格式不统一等问题。这些错误不仅影响了学籍信息的完整性，还可能对后续的数据分析和决策制定造成误导。

传统的学籍管理模式在信息查询和更新方面也存在明显的局限性。查询学籍信息时，通常需要手动翻阅大量的纸质档案，这不仅效率低下，而且容易在查找过程中造成档案的损坏或丢失。而在更新学籍信息时，由于需要手动修改纸质档案，难以保证信息的准确性和一致性。一旦出现更新不及时或修改错误的情况，将会给学籍管理工作带来极大的困扰和挑战。

随着教育信息化的不断发展，传统的学籍管理模式已经难以满足现代教育的需求。现代学籍管理需要实现信息的实时更新、快速查询和准确分析，支持教育决策和个性化教育服务的开展。对传统学籍管理模式进行改进和创新，引入现代信息技术手段，已成为提升学籍管理水平、提高教育服务质量的迫切需求。

传统学籍管理模式在信息录入、查询与更新等方面存在诸多不足，已经难以适应现代教育的需求。我们需要积极探索新的学籍管理模式，引入现代技术手段，提高学籍管理的效率和准确性，为教育事业的发展提供有力保障。

（三）纸质档案存储与管理难题

随着教育事业的不断发展，学生数量的增加使得档案管理面临着前所未有的挑战。特别是纸质档案，其固有的特性使得存储和管理变得日益困难。

从存储空间的角度来看，纸质档案占据了大量的物理空间。每个档案都需要特定的存放位置，且随着档案数量的不断增加，所需的存储空间也在持续扩大。这不仅增加了学校的运营成本，也对校园空间布局提出了更高要求。纸质档案容易受到环境因素的影响，长期保存难度较大，这也进一步加剧了存储空间的问题。

在管理难度方面，纸质档案的管理涉及多个环节，包括档案的整理、分类、保管和借阅等。这些工作不仅需要投入大量的人力物力，而且容易出现错误和遗漏。例如，档案的分类和整理需要依据一定的标准和规则进行，这不仅需要档案管理人员具备专业的知识和技能，还需要耗费大量的时间和精力。档案的保管和借阅也需要严格的制度和流程来保障，否则容易导致档案的丢失或损坏。

针对这些问题，数字化档案管理逐渐成了一种趋势。通过数字化技术，可以将纸质档案转化为电子数据，存储在计算机或云端服务器上，从而节省大量的物理空间。数字化档案管理也可以提高管理效率，减少人为错误和遗漏，降低管理成本。数字化档案管理也面临着一些挑战，如数据安全、数据备份等问题，需要我们在实践中不断探索和完善。

纸质档案管理面临着存储空间和管理难度两大问题。为了应对这些挑战，我们需要积极探索数字化档案管理的途径和方法，提高档案管理的效率和安全性。

（四）安全隐患及应对措施

纸质档案作为传统的信息记录方式，在实际应用中确实面临着多重安全隐患。首当其冲的便是自然灾害的威胁，如火灾和水灾。火灾可能导致档案迅速损毁，而水灾则可能引发档案受潮、变形甚至霉变，严重影响档案的保存和信息的可读性。纸质档案还存在着信息泄露和丢失的风险。由于其物理存在的特性，若档案室的安保措施不够严密，就有可能被未经授权的人员获取，进而导致信息泄露。档案的丢失也可能因为管理不善、人为疏忽或盗窃等原因而发生。

针对上述安全隐患，必须采取一系列切实可行的应对措施，首要任务便是加强档案室防火、防水等安全措施。档案室应配置完善的消防设施，包括烟雾报警器、灭火器等，并定期进行检查和维护，确保在火灾发生时能够迅速响应。档案室还应做好防水措施，如采用防水材料建设档案室、安装防水门窗等，以防止水灾对档案造成损害。

与此同时，建立档案备份制度也是至关重要的。档案室通过定期备份档案，可以确保在原始档案受损或丢失的情况下，仍能够恢复档案信息的完整性和安全性。备份档案应存储在安全可靠的地点，如异地档案库或数字档案系统中，防止自然灾害等不可预测因素对备份档案造成损害。

另外，加强档案保密工作也是不容忽视的。档案室应设置严格的出入管理制度，对进出档案室的人员进行登记和审查。对于涉密档案，还应采取相应的保密措施，如加密存储、限制查阅权限等，防止信息泄露和非法访问。

五、互联网技术在学生学籍档案管理中应用探索

（一）信息化平台搭建与功能设计

在构建稳定且可扩展的学籍档案管理平台时，我们需要深入考虑平台的整体架构设计和各功能模块的划分。前端展示层作为用户交互的直观界面，其设计需注重用户体验和界面友好性，确保用户能够轻松上手并高效完成操作。业务逻辑层则负责处理学籍档案管理的核心业务逻辑，包括学生信息管理、成绩管理、奖惩记录以及毕业审核等功能模块的实现。在功能模块划分上，我们应充分考虑到学籍档案管理的实际需求，确保各模块之间既能独立运行，又能协同工作，实现平台功能的完整性和连贯性。

为了确保学籍档案的安全性和隐私性，用户权限管理也是平台设计不可或缺的一部分。我们应根据不同用户角色的职责和需求，设置相应的访问权限，防止未授权用户对学籍档案进行非法访问或修改。在权限管理中，我们还可以结合技术手段，如加密传输、数据备份和恢复等，进一步提升平台的安全性和可靠性。

在数据存储层方面，我们需要选用高效且稳定的数据库管理系统来存储和管理学籍档案数据。还需建立相应的数据备份和恢复机制，防止数据丢失或损坏对平台运行造成影响。

构建稳定、可扩展的学籍档案管理平台需要从多个方面进行综合考虑和设计。只有在平台架构设计、功能模块划分和用户权限管理等方面都做到严谨、专业和高效，才能确保平台的稳定运行和有效支持学籍档案管理的实际需求。

（二）数据采集、整合及标准化处理策略部署

在学籍数据管理工作中，我们致力于通过多元化的数据采集渠道来确保数据的全面性和准确性。我们充分利用学校内部系统，通过自动化的方式实时获取学生的基本信息、成绩记录、出勤情况等关键数据。我们也鼓励学生主动提交相关学籍信息，补充和完善系统数据。我们还应积极与第三方数据源合作，获取更为丰富的外部信息，例如各类考试成绩、比赛获奖情况等，为学籍管理提供更全面的支撑。

在数据采集的基础上，我们高度重视数据的整合与清洗工作。我们采用先进的数据处理技术，对采集到的数据进行整合，去除重复信息，并对数据进行清洗，消除错误和异常值。这一过程确保了学籍数据的准确性和一致性，为后续的数据分析和应用奠定了坚实的基础。

为了实现学籍数据的标准化管理，我们制定了统一的数据格式和编码规则。这些规则不仅规范了数据的存储和表示方式，还确保了数据在不同系统之间的互通性和共享性。通过数据标准化处理，我们提高了学籍数据的可读性和可理解性，降低了数据使用和维护的难度，为学籍管理带来了更高的效率和便捷性。

我们注重数据采集渠道的拓展、数据的整合与清洗以及数据的标准化处理等方面的工作，不断提升学籍数据的质量和可用性。我们将继续努力，优化数据管理流程和技术手段，为学校的学籍管理工作提供更加可靠和高效的支持。

（三）云端存储和备份方案制定

在云计算技术迅猛发展的背景下，学籍档案的云端存储方案正逐渐取代传统的本地存储方式，这一变革不仅显著提升了数据的安全性和可靠性，更在数据管

理效率上实现了质的飞跃。云端存储部署的核心在于利用云计算平台的分布式架构和高可用性特性，确保学籍数据在物理层面上的分散存储与冗余备份，从而有效抵御各种潜在的硬件故障和网络攻击。

为了确保学籍数据的安全，我们制定了严格的数据备份与恢复策略。通过定期执行自动化备份任务，我们能够将数据的快照存储在远离主数据中心的异地灾备中心，从而在发生自然灾害或人为错误导致数据丢失的情况下，能迅速启动恢复机制,将损失降到最低。我们还将备份数据的完整性和可用性作为首要考虑因素，通过校验、增量备份等技术手段，确保备份数据的真实有效。

在访问权限控制方面，我们实施了严格的身份验证和访问控制机制。只有经过授权的用户才能通过身份验证流程获得访问云端存储学籍数据的权限。我们采用了多因素认证、角色基础访问控制（RBAC）等先进技术，确保用户身份的真实性和访问行为的合规性。我们还对数据的访问记录进行实时监控和审计，以便在发现异常行为时能够及时采取相应措施，保障数据的安全和隐私。

通过云端存储部署、数据备份与恢复策略以及访问权限控制等多方面的措施，我们能够有效地确保学籍数据的安全性、可靠性和可用性，为学校的学籍管理工作提供坚实的技术保障。

四、智能化检索和服务体系构建

在学籍管理领域，我们正致力于运用前沿技术，打造一套高效且智能的检索系统。该系统以自然语言处理和数据挖掘技术为核心，为用户提供学籍档案的智能化检索和查询功能。用户不再需要通过复杂的菜单或关键词组合来查找档案，而是可以直接通过自然语言输入查询需求，系统能准确理解并快速返回相关结果。

为了满足不同用户的需求和偏好，我们进一步提供了个性化的学籍档案服务。无论是查询、打印还是下载档案，用户都可以根据自己的实际情况进行选择。系统还会根据用户的历史行为，智能推荐可能感兴趣的档案内容，为用户节省大量时间。

更为关键的是，我们还通过对学籍数据进行深度挖掘和分析，为学校的管理和决策提供了有力支持。这些数据不仅可以帮助学校了解生源构成、教学质量等基本情况，还可以为学校的招生策略、课程设置以及管理优化等提供科学依据。例如，通过分析不同专业、不同年级学生的学籍数据，学校可以更加精准地定位自身的优势和劣势，从而制定更加合理的发展规划。

我们的系统还注重数据的准确性和安全性。在数据采集、存储和处理过程中，我们严格遵守相关法律法规，确保用户隐私得到充分保护。我们还采用了先进的数据加密和备份技术，确保学籍数据的安全性和可靠性。

总的来说，我们的学籍档案智能化检索系统不仅提升了用户的使用体验，还为学校的管理和决策提供了有力支持。我们相信，随着技术的不断进步和应用的深入，该系统将在学籍管理领域发挥更加重要的作用。

六、“互联网 +”思维下学生学籍档案管理面临挑战和对策

（一）面临主要挑战剖析

在互联网技术的迅猛发展和广泛应用的背景下，学生学籍档案数据的安全与隐私保护显得愈发重要。当前，我们面临着诸多挑战，如数据泄露、篡改等风险日益加剧，这对保障学生的个人隐私和学籍信息的真实性提出了严峻的考验。建立一套完善的数据安全防护体系，确保学籍数据的完整性和隐私性，已成为一项刻不容缓的任务。

我们还需注意到不同学校、地区间信息化水平的差异对学籍档案管理带来的挑战。这种差异导致学籍档案管理在标准化、规范化方面存在诸多困难，影响了管理的效率和质量。为了解决这一问题，我们需要加大信息化建设的推进力度，提高各学校、地区的信息化水平，从而实现学籍档案管理的统一化、规范化。

学籍档案管理涉及多个部门的协作和信息共享，这也是我们面临的一个重要问题。为了实现跨部门协作和信息共享，我们需要建立有效的沟通机制和信息共享平台，打破部门间的信息壁垒，提高信息的流通性和利用率。这不仅有助于提升学籍档案管理的效率，还能够更好地满足学生的需求，提高服务质量和满意度。

为了应对数据安全与隐私保护、信息化水平参差不齐以及跨部门协作与信息共享等挑战，我们需要从多个方面入手，采取切实有效的措施。只有这样，我们才能确保学籍档案管理工作的顺利进行，为广大学生提供更加优质、高效的服务。

（二）应对策略提出及实施效果评估

在当前信息化社会，学籍档案作为教育管理与服务的关键组成部分，其数据安全与隐私保护显得尤为重要。为此，我们采取了一系列专业且先进的加密技术，以确保学籍数据的机密性和完整性。这些加密技术不仅应用于数据的存储环节，更在数据的传输和使用过程中发挥关键作用，有效抵御外部非法侵入和数据泄露的风险。

我们深知信息化建设对于提升学籍档案管理效率和规范性的重要意义。我们加大了在信息化领域的投入力度，通过引进先进的信息技术和设备，显著提升了

学校和地区的信息化水平。这不仅使得学籍档案的录入、查询和更新等操作更加便捷高效，也为学籍档案管理的标准化和规范化奠定了坚实基础。

在此基础上，我们还致力于建立跨部门协作机制，加强各部门在学籍档案管理方面的沟通与协作。通过建立信息共享平台，各部门可以实时共享学籍数据，从而提高学籍档案管理的效率和准确性。这种跨部门协作机制不仅有助于避免数据重复录入和错误发生，还能提升学籍数据的使用价值，为教育管理和决策提供更加全面、准确的数据支持。

我们通过采用先进的加密技术、加大信息化建设投入以及建立跨部门协作机制等举措，全面提升了学籍档案数据的安全性与隐私保护水平，并推动了学籍档案管理的标准化和规范化进程。这些努力不仅有助于提升教育管理的效率和质量，也为保障学生的合法权益和信息安全做出了积极贡献。

（三）行业前沿动态关注

随着信息技术的迅猛发展，云计算、大数据、人工智能、机器学习以及区块链等先进技术正逐步渗透到学籍档案管理的各个环节，为提升管理效率和质量开辟了新途径。

在云计算和大数据技术的推动下，学籍档案管理实现了更高效的数据存储和处理。通过云计算平台，可以实现学籍档案的集中存储和分布式管理，有效解决了传统管理模式下数据存储分散、管理不便的问题。大数据技术能够深入挖掘学籍档案中的信息价值，为决策提供有力支持。例如，通过对学籍数据的分析，可以了解学生的学习特点、兴趣爱好以及发展潜力，为个性化教育提供有力支撑。

人工智能与机器学习技术的发展为学籍档案管理的自动化和智能化提供了可能。通过构建智能分类模型，可以实现学籍档案的自动分类和整理，极大地提高管理效率。智能检索技术的应用也使得学籍档案的查询更加便捷，用户可以通过关键词或自然语言查询，快速定位所需信息。

区块链技术在学籍档案管理中的应用潜力也不容忽视。其独特的去中心化、数据不可篡改等特性，为确保学籍档案数据的真实性和完整性提供了有力保障。通过构建基于区块链的学籍档案管理系统，可以实现对档案数据的实时记录和验证，有效防止数据被篡改或伪造。

云计算、大数据、人工智能、机器学习以及区块链等技术的应用为学籍档案管理带来了革命性的变革。通过不断创新和实践，我们可以探索出更多提高管理效率和质量的新途径，为教育事业的持续发展贡献力量。

（四）未来发展趋势预测及准备工作建议

在未来的学籍档案管理中，数字化与智能化将成为主导趋势，深刻影响管理效率与质量的提升。随着信息技术的飞速发展，学籍档案管理将更加注重数字化存储与智能化检索，实现档案信息的电子化、网络化和自动化管理，从而大幅减少传统纸质档案管理的繁琐与不便。

在数字化、智能化的推动下，学籍档案管理将实现跨平台、跨地域的协同管理。通过构建统一的档案管理平台，打破地域限制，实现各地学籍档案信息的互联互通，并进一步提高管理效率。跨平台协同管理也将促进不同地区、不同学校之间的信息共享与交流，为学籍档案管理的标准化、规范化提供有力支持。

标准化与规范化管理是学籍档案管理未来的重要方向。通过制定统一的档案管理标准和操作规范，确保学籍档案的完整性、准确性和可靠性，避免信息的丢失或篡改。标准化管理还将推动管理流程的统一和优化，提高管理效率和质量，为学籍档案的科学管理和利用奠定坚实基础。

为了推动学籍档案管理的创新与发展，加强人才队伍建设至关重要。我们需要培养一支具备专业知识和技能的学籍档案管理人员队伍，他们不仅要具备扎实的档案管理基础知识，还要熟悉现代信息技术和数字化管理工具。我们还应加强档案管理人员的培训和教育，不断提高他们的专业素养和管理能力，为学籍档案管理的创新与发展提供有力的人才保障。

未来，学籍档案管理将更加注重数字化、智能化、标准化和规范化发展，注重加强人才队伍建设，以实现更高效、更可靠的管理，为教育事业的持续发展提供有力支撑。

（五）政策法规支持与保障措施完善

1. 国家相关政策法规解读

在深入探讨学籍档案管理的法律保障与行业指导时，我们不得不提及《中华人民共和国档案法》这一核心法规。该法明确界定了档案工作的基本原则，强调档案管理的科学性、规范性和系统性，为学籍档案的完整保存与合理利用奠定了坚实的法律基石。它不仅规定了档案的管理与保护要求，还明确了档案利用与开放的范围和程序，有效促进了档案信息的流通与共享。

《学校档案管理办法》作为针对学校档案管理的专项规定，在学籍档案管理方面发挥着不可替代的作用。该办法详细规定了学校档案管理的各项职责和具体要求（包括档案分类与归档的标准、档案利用与开放的规范等），为学校学籍档案的管理提供了明确而具体的操作指南。这些规定有助于提升学籍档案管理的专业性和规范化水平，保障学籍信息的真实性和完整性。

在当今信息化社会，互联网技术的快速发展为档案管理带来了全新的机遇与挑战。为此,《关于积极推进“互联网 +”行动的指导意见》为档案管理工作指明了创新发展的方向。该意见强调了“互联网 +”行动在提升档案管理效率与水平方面的重要作用，鼓励运用云计算、大数据等先进技术优化档案管理流程，实现学籍档案信息的数字化、网络化管理和服务。

这些法规和指导性文件共同构成了学籍档案管理的法律保障与行业指导体系，为学籍档案的科学管理、有效保护和合理利用提供了有力支持。在实际工作中，我们应深入学习和贯彻这些法规和指导性文件的精神，不断提升学籍档案管理的专业化、规范化水平，为推动档案管理事业的健康发展贡献力量。

2. 校内规章制度完善建议

为了确保学籍档案管理的规范化和科学化，我们制定了一系列管理办法和保密制度。在学籍档案管理的职责方面，我们明确划分了各级管理人员的职责范围和权限，确保每个环节都有专人负责，形成有序的管理体系。我们还规定了学籍档案的收集、整理、归档和保存等流程，确保档案的完整性和安全性。

在归档要求上,我们严格按照国家相关标准和规定执行,确保学籍档案的格式、内容和质量符合要求。我们采用先进的技术手段和保管措施，确保档案在保存和查询过程中的保密性和可靠性。

为了加强学籍档案的保密工作，我们建立了严格的保密制度。针对学籍档案中的敏感信息，我们采取了加密、脱敏等保密处理措施，防止信息泄露和滥用。我们还建立了严格的档案借阅和查阅审批制度，确保只有经过授权的人员才能接触到相关档案。

在学籍档案电子化管理制度方面，我们充分利用现代信息技术手段，实现了学籍档案的电子化存储、查询和利用。这不仅提高了管理效率，也方便了档案的查询和使用。我们还建立了完善的电子档案备份和恢复机制，确保电子档案的安全性和可靠性。

我们通过制定学籍档案管理办法和保密制度，推行学籍档案电子化管理制度，加强了学籍档案的管理和保护工作。这不仅能够保障学生的合法权益，也有助于提升学校的管理水平和社会形象。我们将继续不断完善和优化学籍档案管理工作，以更好地服务于学校的教学和管理工作。

3. 人力、物力、财力投入保障机制构建

为了全面提升学籍档案管理的效能与专业性，我们必须深入实施一系列关键措施。在人员培训方面，我们坚持定期开展系统的业务培训活动，针对档案管理人员的实际需求，精心设计培训内容，旨在增强其档案管理理论素养与实践操作能力。这些培训不仅涵盖档案管理的基础知识，还深入探讨了最新的档案管理理念和技术手段，确保管理人员能够紧跟行业发展步伐，不断提高业务水平。

在硬件支持方面，我们注重引进先进的档案管理设备来提升档案管理的自动化水平。例如，我们已购置了高效能的扫描仪和打印机等设备，这些现代化工具不仅大幅提高了档案处理的速度和准确性，还极大地减轻了工作人员的负担。同时，我们还定期对设备进行维护和升级，确保它们始终保持在最佳的工作状态。

为了确保学籍档案管理工作的顺利进行，我们还特别设立了专项资金。这笔资金专项用于支持学籍档案管理的各项工作，包括但不限于人员培训、设备购置、系统升级等方面。通过专项资金的支持，我们能够更加灵活地应对各种挑战和需求，确保学籍档案管理工作的连续性和稳定性。

综上所述，我们通过加强人员培训、配备先进设备以及设立专项资金等措施，全面提升了学籍档案管理的专业水平和服务质量。这些举措不仅有助于优化档案管理流程，提高工作效率，还能够更好地保护和管理学籍档案资源，为学校的教学和管理提供有力的支持。

4. 多方共同参与推动项目落地

针对当前学籍档案管理面临的新形势和新挑战，我们必须采取切实有效的措施来推动档案管理工作的创新发展。

首先，加强与上级部门的沟通是提升学籍档案管理水平的关键。我们将积极与上级教育部门保持密切联系，主动汇报档案管理工作进展，争取政策支持和资金扶持。通过与上级部门的深入交流，我们可以及时了解并掌握最新的档案管理政策，确保学籍档案管理工作始终走在正确的轨道上。

其次，寻求企业合作是引入先进技术和经验的重要途径。我们将积极寻求与档案管理领域的企业建立合作关系，通过引进先进的档案管理技术和经验，推动学籍档案管理的创新与发展。与企业合作不仅可以提升我们的管理效率和质量，还能够使我们的管理工作更加贴近实际、符合时代发展的需要。

最后，鼓励学生参与是提升档案管理意识和能力的重要举措。我们将通过组织实践活动、开设相关课程等方式，鼓励学生积极参与学籍档案管理工作。通过亲身参与，学生可以更加深入地了解档案管理的重要性和复杂性，增强他们的档案管理意识和能力。这不仅有利于推动学籍档案管理的创新发展，还可以为学生的综合素质提升和职业发展规划奠定坚实的基础。

总之，我们将采取多种措施，不断提升学籍档案管理水平，为学校的教育教学工作和学生的全面发展提供有力保障。我们相信，在上级部门的支持、企业的合作以及学生的积极参与下，学籍档案管理工作一定能够取得更加显著的成效。

七、“互联网+”视域下中学学籍档案管理

（一）中学学籍档案概念

中学学籍档案，作为学生在中学阶段的重要记录，详细收录了学生在校就读期间的各种信息。这些档案不仅包含学生的姓名、家庭住址、身份证号等个人基本资料，还详细记录了他们的入学时间、学号、学籍状态等学籍信息。同时，学生的学习成绩、奖惩记录、社会活动参与情况等也在档案中得到全面体现，为评价学生的综合素质提供了有力的依据。

（二）中学学籍档案的作用与特点

1. 中学学籍档案的作用

学籍档案在中学生成长过程中扮演着举足轻重的角色。对于学校而言，学籍档案是评价学生综合素质、制订教育计划的重要参考。对于学生而言，学籍档案是他们学习成果的展现，是他们提升自我认知的重要工具。对于社会而言，学籍档案是选拔人才、推荐就业的重要依据，为用人单位提供直观了解学生的窗口。

2. 学籍档案管理的特点

内容全面：学籍档案不仅涵盖学生的基本信息，还深入学生的学业成绩、品德表现、社会实践等多个方面，能全面反映学生的综合素质。

来源广泛：学籍档案的来源多样，既有学校教务处、班主任、任课教师的记录，也有学生本人的自我评价和反思，确保了档案内容的全面性和客观性。

管理连续：学籍档案的管理是一个连续不断的过程，从学生入学开始，一直到学生毕业离校，都需要进行持续的管理和更新。

（三）中学学籍档案的管理原则

1. 规范化原则

在学籍档案管理中，规范化是首要原则。学校应制定明确的档案管理制度和操作流程，确保档案的收集、整理、归档、借阅等各个环节都有章可循，避免管

理混乱和信息丢失。

2. 准确性原则

学籍档案中的信息必须准确无误。学生的基本信息、学业成绩、奖惩记录等都需要经过严格审核和确认，确保档案的真实性和可信度。任何虚假信息都可能对学生的未来产生不良影响。

3. 保密性原则

学籍档案中包含了学生的个人隐私信息，如家庭住址、身份证号等。这些信息必须严格保密，未经允许不得向外界泄露。同时，学校应建立健全的档案借阅制度，确保借阅过程的安全可控。

4. 便捷性原则

在“互联网+”的背景下，学籍档案管理应充分利用现代信息技术手段，实现档案的电子化、数字化管理。通过建立在线档案查询系统，学生、家长、教师等相关人员可以随时随地查询档案信息，提高档案管理的便捷性和效率。

5. 连续性原则

学籍档案管理是一个连续不断的过程。学校应确保学生在校期间的档案信息得到及时、完整地记录和管理。同时，在学生毕业后，相关档案也应得到妥善保存和管理，为后续的查询和使用提供便利。这不仅是对学生个人成长的尊重，也是学校和社会对学生未来发展的关注和支持。

（四）“互联网+”视域下中学学籍档案管理的优化策略

1. 加强基础设施建设，完善学籍档案管理系统

随着“互联网+”时代的到来，中学学籍档案管理正迎来前所未有的发展机遇。为了充分发挥信息技术的优势，学校需要加大投入，构建先进的学籍档案管理系统。该系统应具备高效的数据处理能力，支持学生信息的快速录入、存储、查询和实时更新。同时，系统还应具备强大的安全防护功能，确保学籍信息的安全性和完整性。通过引入云计算、大数据等先进技术，实现学籍信息的集中存储和智能管理，为学籍档案的高效利用提供有力支撑。

2. 强化人员培训，提升学籍档案管理队伍素质

中学学籍档案管理工作的专业化程度不断提高，对管理人员的专业素养和信息技术应用能力提出了更高要求。学校应高度重视学籍档案管理人员的培训工作，制定系统的培训计划，确保管理人员能够熟练掌握档案管理系统的操作技能。培训内容应包括档案管理系统的基本使用、信息安全知识、相关法律法规等。此外，学校

还应鼓励管理人员参加各种学术交流活动，不断提高自身的专业素养和创新能力。

3. 优化管理制度，确保学籍档案管理系统有效运行

为了保障学籍档案管理系统的有效运行，学校应制定完善的管理制度。首先，要明确档案管理人员的职责和权限，确保各项工作的有序开展。其次，要规范操作流程，确保学籍信息的准确性和一致性。最后，应建立定期维护和更新机制，确保系统的稳定性和安全性。对于硬件设备，应定期检查和维护，及时更换老化设备；对于软件系统，应定期更新和升级，以便适应新的管理需求和技术发展。

4. 加强信息安全保障，确保学籍信息不被泄露

在“互联网 +”背景下，信息安全问题成为学籍档案管理的重要挑战。学校应建立健全的信息安全保障体系，采取多种措施保护学籍信息的安全。首先，要加强对管理人员的安全教育，增强其信息安全意识。其次，要建立严格的访问控制机制，确保只有授权人员才能访问学籍信息。最后，还应采用数据加密、防火墙等安全技术手段，保护学籍信息在传输和存储过程中的安全。

5. 推广“互联网 + 学籍档案管理”模式，提高服务效率

为了充分发挥“互联网 +”的优势，学校应积极推广“互联网 + 学籍档案管理”模式。通过建设在线学籍档案查询系统、学籍信息自助服务平台等，方便学生、家长和教师随时查询和了解学籍信息。同时，通过数据分析技术，对学籍信息进行深入挖掘和分析，为学校的教学管理、学生发展等提供有力支持。此外，学校还可以利用社交媒体、移动应用等新媒体渠道，加强与家长、学生的沟通与交流，提高学籍档案管理工作的透明度和互动性。

总之，“互联网 +”视域下中学学籍档案管理面临着新的机遇和挑战。通过加强基础设施建设、强化人员培训、优化管理制度、加强信息安全保障、推广“互联网 + 学籍档案管理”模式等策略的实施，可以提高学籍档案管理的效率和质量，为学生的全面发展提供有力保障。同时，这些策略也将有助于推动中学学籍档案管理工作的创新与发展，为学校的可持续发展奠定坚实基础。

第四节 "互联网 +"思维下档案室管理转型与发展

一、档案室管理现状与挑战

（一）传统档案室管理模式分析

传统档案室的核心特征在于其以纸质档案作为主导的存储形式。这一模式不仅包含了各种类别的文件、资料与记录，更承载了丰富的历史文化信息。随着时代的进步和信息技术的迅猛发展，传统档案室的管理方式逐渐显露出其局限性。

当前，传统档案室在档案管理上仍然以人工操作为主。这意味着，从档案的收集、整理、分类到归档、检索和利用，每一个环节都需要依赖人力进行。这样的管理方式不仅效率低下，而且在面对大量档案时，更容易出现错误和遗漏。人工管理也意味着人力资源的浪费，不利于档案室的长远发展。

在服务功能上，传统档案室受限于其管理方式和技术手段，提供的服务相对单一。借阅和查询是最基础的服务形式，但在信息时代，用户对于档案服务的需求已经远远超出了这些基本范畴。他们希望能够通过更多的渠道和方式，获取到更为全面的档案信息。

传统档案室在面临信息化时代的挑战时，需要积极探索创新，引进先进的档案管理理念和技术手段。通过数字化、智能化等手段，提升档案管理的效率和准确性，丰富档案服务的形式和内容，满足用户日益增长的需求。传统档案室也应注重培养档案管理人才，提高他们的专业素养和创新能力，为档案室的长远发展奠定坚实的基础。

（二）面临的主要问题及瓶颈

在当前的档案管理实践中，我们面临着诸多挑战。首要问题便是存储空间有限的问题。随着组织的发展和业务的不断拓展，纸质档案的数量日益增加，导致了档案存储空间的紧张局面。这些实体档案占用了大量的物理空间，随着时间的推移，这些空间逐渐被填满，甚至达到了饱和状态。这不仅限制了档案的存储，也给档案的分类、整理和保管带来了极大的不便。

管理效率低下也是当前档案管理中亟待解决的问题。传统的档案管理方式主要依赖于人工操作，这种方式不仅耗时耗力，而且容易出错。在快速查询和高效利用档案的需求日益增长的背景下，这种管理方式显然已经无法满足现代组织的需求。为了提高管理效率，我们需要引入更加先进、智能的档案管理系统，实现档案的自动化、数字化管理。

档案安全性问题也不容忽视。纸质档案由于其物理性质，容易受到各种自然和人为因素的损害，如火灾、水灾、盗窃等。档案在流转、保存和使用过程中，也可能遭遇丢失和篡改等风险。这些问题给组织的稳定运行和信息安全带来了严重威胁。我们需要加强档案的安全保护措施，确保档案的完整性和真实性。

存储空间有限、管理效率低下以及档案安全性问题是我们当前在档案管理中所面临的主要挑战。为了克服这些挑战，我们需要不断创新档案管理方式，引入先进的技术手段，提高档案管理的效率和安全性以适应现代组织的发展需求。

（三）“互联网 +”时代对档案室管理新要求

在档案管理领域，数字化转型已成为行业的必然趋势。通过一系列技术手段，我们将传统纸质档案转化为数字档案，并建立起数字档案库，有效实现了档案的数字化存储与管理。这一转变不仅大幅提升了档案管理的效率，更为档案的长期保存与利用提供了可靠保障。

随着大数据、人工智能等技术的不断发展，我们也在档案管理领域实现了智能化管理的突破。借助先进的算法和模型,我们对档案数据进行了深入挖掘与分析，为管理决策提供了有力支持。智能化管理还优化了档案管理流程，减少了人为因素的干扰，提高了管理效率。

为了满足用户日益增长的档案服务需求，我们还提供了档案的在线查询、借阅和下载等服务。用户只需通过简单的操作，即可快速获取所需档案信息，大大提高了服务效率。在线服务的推出，不仅拓展了档案服务的功能，也为用户提供了更加便捷、高效的服务体验。

在数字化转型与智能化管理的过程中，我们始终将安全性保障放在首位。通过采取一系列技术手段和措施，我们加强了数字档案的安全防护，确保了档案的完整性、真实性和可用性。我们严格遵守档案管理规定，对数字档案进行定期备份和恢复测试，确保在突发事件发生时能够迅速恢复数据。

通过数字化转型、智能化管理、在线服务以及安全性保障等方面的努力，我们已经在档案管理领域取得了显著成果。未来，我们将继续深化技术创新与应用，不断提升档案管理水平和服务质量，为行业发展贡献更多力量。

二、“互联网 +”思维在档案室中应用

（一）“互联网 +”思维概述与特点

在当今社会，跨界融合已成为“互联网 +”思维的核心要素之一。这种思维模式强调不同行业、领域之间的深入交流与融合，通过信息、技术、资源的共享与整合，为各行业的创新发展注入新的活力。通过跨界合作，企业可以打破传统行业壁垒，探索新的商业模式和市场机会，实现优势互补，提升整体竞争力。

因此，创新驱动在“互联网 +”思维中也占据着举足轻重的地位。这种思维模式注重技术的创新和应用，鼓励企业不断引入和更新技术，以提升各行各业的效率和质量。通过技术创新，企业可以优化业务流程，降低成本，提高生产效率，满足消费者日益增长的个性化需求。

用户至上也是“互联网 +”思维的重要原则之一。这种思维模式强调以用户需求为中心，关注用户需求和体验，致力于提供更为精准、个性化的服务。企业通过深入了解用户需求，不断优化产品和服务，提升用户体验，从而赢得用户的信任和支持，实现可持续发展。

数据驱动同样在“互联网 +”思维中发挥着重要作用。“互联网 +”思维认为数据是宝贵的资源，通过对大数据的收集、分析和挖掘，企业可以获取丰富的市场信息、用户行为信息以及业务运营信息，为决策和业务发展提供有力支持。数据驱动还可以帮助企业实现精准营销，提升营销效果，降低成本，提高市场竞争力。

跨界融合、创新驱动、用户至上和数据驱动是“互联网 +”思维的核心要素。这些思维模式为企业创新发展提供了有力的指导和支持，推动了各行业的转型升级和可持续发展。

（二）档案室数字化转型必要性及意义

在当今数字化浪潮的推动下，档案室正面临着前所未有的发展机遇和挑战。数字化转型作为一种高效、智能的管理模式，对于提升档案室的管理效率具有至关重要的作用。

首先，数字化转型推动了档案室自动化、智能化的发展。传统档案室管理往往依赖大量的人工操作，不仅效率低下，而且容易出现错误。而数字化转型后，借助先进的数字技术和自动化工具，档案室能够实现档案的自动化整理、分类、存储和检索，大幅减少人工干预，从而显著提高工作效率。

其次，数字化转型极大地提升了档案信息的检索和共享能力。纸质档案由于物理性质的限制，在检索和共享方面存在诸多不便。而数字化转型可以将纸质档

案转化为电子档案，借助信息化平台，用户可以轻松实现对档案信息的快速检索和实时共享，极大地提升档案信息的利用价值。

再次，数字化转型还有助于更好地保护档案原件。纸质档案在长时间的使用过程中容易遭受磨损，而数字化档案则可以避免这一问题。通过数字化复制，档案原件可以得到有效的保护，同时数字化档案也可以作为备份，防止档案信息的丢失。

最后，数字化转型有助于扩大档案室的信息资源利用范围。传统的纸质档案往往局限于特定场所和人员的使用，而数字化档案则可以通过网络平台进行更广泛的传播和利用。这不仅有助于提高档案的社会价值，还可以为档案室带来一定的经济价值。

数字化转型是档案室提升管理效率、优化信息服务、保护档案原件以及扩大档案利用范围的重要途径。在未来的发展中，档案室应积极探索数字化转型的路径和模式，以适应数字化时代的需求和挑战。

（三）典型案例分析与启示

在当前信息化浪潮的推动下，企业档案室数字化转型成为一项亟待解决的问题。以某大型企业档案室为例，其成功实施数字化转型的案例为我们提供了宝贵的经验。该档案室通过引入先进的数字化技术，成功实现了档案的电子化与网络化管理，显著提升了管理效率，使得档案查找、借阅等流程更加便捷高效。数字化技术的运用也大幅提高了档案的利用率，为企业的决策支持、科研创新等方面提供了有力支撑。

企业档案室数字化成功转型的背后，技术的支撑和人才的保障起到了关键作用。该企业在转型过程中，不仅投入了大量资金引进先进的数字化技术设备，还积极培养了一支具备专业素养的档案管理团队。这些专业人才通过不断学习和实践，熟练掌握了数字化档案管理的技能，为企业的数字化转型提供了坚实的人才保障。

与此同时，某学校档案室在数字化管理与服务创新方面也取得了显著成果。该档案室充分利用互联网技术，实现了档案信息的在线查询、预约、下载等服务，极大提升了用户体验和服务质量。这一举措不仅满足了用户对档案信息的多元化需求，也提高了档案室的服务效率和用户满意度。

通过这两个案例的启示，我们可以深刻认识到数字化转型对于档案室的重要性和紧迫性。在数字化转型的过程中，档案室应紧密关注用户需求，通过技术创新不断提升服务质量，为用户提供更加便捷、高效、个性化的档案服务。档案室也应加大投入，积极引进先进技术和培养专业人才，为数字化转型提供有力支撑。

三、“互联网 +”思维下档案室管理转型策略规划与设计

（一）明确转型目标与定位

为了深入推进档案室的全面转型升级，我们需要清晰而准确地定义转型的具体目标和定位。在目标设定方面，首要任务是显著提升档案管理的效率。这包括优化档案分类、存储和检索流程，通过引入先进的档案管理系统，实现档案信息的快速录入、准确查询和高效利用。我们必须重视提升档案服务质量，包括提供更加便捷的档案查询和借阅服务、完善档案保护和维护措施，以确保档案的安全与完整。随着数字化技术的发展，档案室管理转型的另一个重要目标便是实现档案的数字化管理。这涉及纸质档案的数字化扫描、档案数据库的建立与维护、数字档案的存储与备份等多个方面，能推动档案管理的现代化和智能化。

在转型定位方面，我们需要根据档案室的功能定位和发展需求，明确其在机构中的新角色和地位。档案室作为机构的重要信息枢纽，应逐步转型为机构的信息中心。通过深度挖掘和整理档案信息资源，档案室应为机构的决策支持和知识管理提供有力支撑。档案室还应成为机构的知识管理基地，通过加强档案知识的收集、整理和传播，促进机构内部的知识共享和创新发展。

档案室管理转型是一个系统性、长期性的工程，需要我们在目标设定和定位选择上进行深入思考和全面规划。只有通过持续不断地推进改革与创新，档案室才能更好地发挥其在机构运行与发展中的重要作用，为机构的可持续发展提供坚实的信息和知识保障。

（二）制定实施计划及时间表安排

在制定组织或机构的转型策略时，短期计划与中长期规划都扮演着举足轻重的角色。短期计划主要聚焦于近期内可实现的具体目标，以确保转型工作的启动与高效执行。在这一阶段，我们首先要对现有的档案进行数字化处理，这是提升档案管理效率与可访问性的关键步骤。我们将对现行系统进行必要的升级，适应数字化转型的需要，并确保新系统能够支持更为复杂和高级的数据处理功能。这些任务将依据严格的时间节点进行推进，确保转型过程的有序性和高效性。

短期计划的成功实施只是转型之旅的起点。为了实现更为深远和持久的发展，我们必须同时规划中长期的转型目标和路径。在这一过程中，我们致力于构建智慧档案室，通过引入先进的信息化技术和智能化设备，提升档案管理的智能化水平。我们还将努力实现档案资源的共享，打破部门间的信息壁垒，提高档案信息的利用效率和价值。这些目标将分阶段实现，每一阶段都有明确的时间表和里程碑，

确保转型工作的持续推进和成果的可衡量。

通过短期计划的实施和中长期规划的落实，我们将逐步推动组织或机构的转型工作向纵深发展。这一过程中，我们将不断总结经验教训，调整优化转型策略，确保转型工作的顺利进行和目标的顺利实现。我们相信,在全体成员的共同努力下，我们一定能够成功实现转型目标，为组织或机构的未来发展奠定坚实的基础。

（三）资源配置和预算安排

为了确保档案管理转型工作的顺利进行，我们必须对人员配置和技术设备投入进行严谨规划。针对转型需求，我们需要精准定位档案管理人员和技术人员的合理配置。档案管理人员需具备扎实的档案学知识和丰富的实践经验，以便在转型过程中有效应对各种挑战。而技术人员则应精通现代信息技术，尤其是精通数字化技术和档案管理系统操作，确保转型过程中的技术支持得以顺利实施。

在技术设备投入方面，我们应根据转型工作的实际需求，投入必要的硬件和软件设备。硬件方面，应配备高性能的计算机、扫描仪、打印机等设备，满足档案数字化和信息录入的需求。软件方面，应选用功能完善、操作简便的档案管理系统，实现档案的数字化存储、检索和利用。同时，我们还应关注系统的稳定性和安全性，确保档案信息在传输和存储过程中不被泄露或损坏。

在预算安排方面，我们应制定详细的预算计划，确保转型工作的资金保障。预算应包括人员费用、设备购置费用、培训费用等多个方面。在人员费用方面，应根据人员的数量、职称和工资水平等因素进行合理预算。在设备购置费用方面，应根据设备的型号、数量、价格等因素进行精确计算。在培训费用方面，应充分考虑培训的形式、内容、时间和参与人员等因素，制定合理的预算方案。

通过严谨的人员配置、技术设备投入和预算安排，我们将能够顺利推进档案管理转型工作，提高档案管理的效率和质量，为组织的持续发展提供有力保障。

四、技术创新与智能化应用推进举措

（一）云计算在档案室中运用探讨

随着信息技术的不断发展，云计算平台以其高可靠性、高扩展性和高效率的特性，已成为档案室管理的重要基石。构建基于云计算的档案室管理平台，不仅实现了档案数据的集中存储、备份与共享，而且极大提升了档案管理水平和效率。

云计算平台的运用，为档案数据的海量存储提供了强有力的支持。借助云计算的弹性扩展能力，我们可以根据实际需求灵活调整存储空间，轻松应对档案数据量的迅猛增长。云计算平台通过分布式存储和冗余备份机制，确保了档案数据的安全性和可靠性，即使面对硬件故障或自然灾害等意外情况，也能确保数据的完整性和可恢复性。

云计算平台还提供了在线服务，使档案信息能够快速检索、查询和共享。通过云计算平台的搜索引擎和查询工具，用户可以轻松找到所需的档案信息，实现信息的快速传递和共享。这不仅提高了档案利用效率，也极大地方便了用户的使用体验。

基于云计算的档案室管理平台实现了档案数据的集中管理、高效存储和快速共享，为档案室的现代化管理提供了有力支持。通过云计算平台的运用，我们不仅可以提升档案管理水平，还能更好地满足用户对档案信息的需求，为档案事业的发展注入新的活力。未来，随着云计算技术的不断进步和应用场景的不断拓展，我们有理由相信，基于云计算的档案室管理平台将在档案室管理中发挥更加重要的作用，推动档案事业的持续健康发展。

（二）大数据技术助力档案信息挖掘利用

在档案资源管理领域，大数据技术的运用正逐渐改变着传统的档案管理模式。通过对档案室中庞杂的档案数据进行整合、分析和深度挖掘，我们能够发现档案信息的潜在价值，进而为决策制定、历史研究、文化传承等提供有力的数据支撑。

大数据技术的整合作用在于将分散、异构的档案数据汇聚成一个统一的数据平台，实现数据的集中存储和高效管理。通过数据清洗、去重、标准化等处理流程，我们能够确保档案数据的准确性和一致性，为后续的分析和挖掘工作奠定坚实基础。

在数据分析方面，大数据技术能够运用各种算法和模型对档案数据进行深入挖掘，发现其中的规律、趋势和关联。这不仅有助于我们更好地理解档案信息的内涵和价值，还能够为预测未来趋势、制定针对性策略提供有力支持。

档案信息可视化展示也是大数据技术的重要应用之一。通过数据可视化技术，我们可以将档案信息以图表、图像等形式直观展示，使得用户能够更加便捷地获取和理解档案信息。这种展示方式不仅提高了档案信息的利用率，还有助于激发用户的兴趣和探索欲望。

在档案信息个性化推荐方面，大数据技术同样发挥着重要作用。通过对用户行为和兴趣的分析，我们能够建立用户画像和推荐模型，为用户提供个性化的档案信息推荐服务。这种服务不仅能够提高用户的使用体验，还能够进一步提升档案信息的传播效果和价值。

大数据技术在档案资源管理中的应用具有广阔的前景和巨大的潜力。通过不断探索和实践，我们相信大数据技术将为档案事业的发展注入新的活力和动力。

（三）物联网技术实现档案实体智能管理

在当前的信息化时代，档案实体的管理面临着前所未有的挑战与机遇。物联网技术的迅猛发展，为我们提供了一种全新的档案管理模式，使得档案实体的智能识别与定位、档案环境的智能监控以及档案实体的智能调度与利用成为可能。

通过物联网技术的应用，我们能够对档案实体进行高精度的智能识别。借助先进的 RFID 技术、条码识别等技术手段，我们可以快速准确地获取档案实体的位置信息、存储状态等重要数据，进而实现档案实体的精准管理。这不仅能够大大提高档案检索的效率，还能够有效避免档案丢失或错放的情况发生。

物联网技术也为档案环境的智能监控提供了有力支持。通过在档案室内部署各种传感器设备，我们可以实时监测档案室的温度、湿度、光照等环境因素，并根据预设的阈值进行自动调控。这不仅能够确保档案保存环境的稳定和安全，还能够有效延长档案的保存寿命。

物联网技术还能够帮助我们实现档案实体的智能调度与利用。通过对档案实体的使用情况进行统计和分析，我们可以制定出更加合理的档案借阅和归还计划，减少档案的闲置时间，提高档案的使用效率。借助物联网技术，我们还可以实现档案实体的远程访问和利用，为档案资源共享提供更加便捷的途径。

物联网技术的应用为档案管理带来了革命性的变革。通过实现档案实体的智能识别与定位、档案环境的智能监控以及档案实体的智能调度与利用，我们可以大大提高档案管理的效率和质量，推动档案管理工作向着更加智能化、精细化的方向发展。

五、档案室管理服务模式创新与拓展途径

（一）以用户为中心，提升服务质量

为了全面把握并深入剖析用户对档案室服务的需求与期望，我们采取了一系列严谨而系统的方法。通过精心设计的问卷调查，我们广泛收集了来自不同领域、不同层次的用户的真实反馈。这些问卷内容全面覆盖了档案室的各项服务环节（包括查询效率、借阅流程、归还便捷性等方面），确保了数据的全面性和准确性。

我们还进行了深入的用户访谈。通过与用户的面对面交流，我们得以更直观地了解他们的服务体验，以及他们对档案室服务的具体期望。这些访谈不仅帮助

我们捕捉到了用户的显性需求，还揭示了一些潜在的、尚未被充分满足的服务需求。

在收集到大量数据后，我们进行了深入的分析和挖掘。通过专业的数据处理软件，我们对问卷结果进行了统计分析，识别出了用户对档案室服务的关注焦点和痛点。同时，我们还结合用户访谈的内容，对分析结果进行了进一步的验证和补充。

基于对用户需求的深入理解，我们提出了一系列针对性的服务优化措施。我们简化了档案查询、借阅、归还等流程，提高了服务效率；同时，我们还加强了服务人员的培训，提升他们的服务态度和专业技能。这些措施旨在为用户提供更加便捷、高效、专业的档案服务。

我们还积极探索个性化服务定制的可能性。根据用户的个性化需求，我们提供了如专题档案汇编、个性化档案推荐等定制化服务，旨在满足不同用户的多样化需求。这些举措的实施，将进一步增强档案室的竞争力，提升用户体验满意度。

（二）跨界融合，开拓新兴服务领域

在深化档案服务的进程中，我们积极探索多元化的合作模式，以便拓展服务领域。其中，与图书馆、博物馆、文化馆等文化机构的紧密合作成为我们战略发展的重要一环。我们共同策划并实施了多项档案展览与文化讲座活动，这些活动不仅丰富了市民的精神文化生活，也提升了档案工作的社会认知度。

随着科技的迅猛发展，我们也积极引入新技术，推动档案工作的数字化与智能化进程。通过利用大数据、云计算、人工智能等前沿技术，我们对海量的档案资源进行了深度挖掘和智能分析。这些技术的应用，使得我们能够更加精准地识别用户需求，提供更加个性化的服务，从而大大提高了工作效率和服务质量。

我们还致力于拓展服务渠道，以便覆盖更广泛的用户群体。线上平台与移动应用的开发与应用，使得档案服务不再局限于传统的物理空间，而是能够延伸到每一个需要档案服务的角落。用户可以通过这些平台随时随地查询档案信息，参与线上活动，享受便捷的服务体验。

通过这一系列措施的实施，我们成功地将档案工作与现代科技和文化机构紧密结合，形成了具有自身特色的档案服务体系。未来，我们将继续秉持开放、合作、创新的理念，不断探索新的服务模式和技术应用，为用户提供更加优质、高效、便捷的档案服务。我们坚信，在档案服务这条道路上，我们将走得更远、更稳健。

（三）构建档案室知识共享平台

在档案资源管理方面，我们致力于实施数字化战略，建立一个全面而精准的

档案知识库。该知识库不仅涵盖了丰富的档案资源，还通过先进的数字化技术，实现了高效的信息检索和获取功能。用户无论身处何地，只需通过网络平台，便能轻松访问到所需的档案信息，大大提高信息利用的效率。

为了促进档案知识的交流与共享，我们积极利用论坛、博客、社交媒体等多种渠道，搭建起一个开放而活跃的知识交流平台。我们鼓励用户在这个平台上分享自己的档案知识和经验，通过互动交流，不断拓宽知识视野，提升专业素养。这种知识共享的氛围不仅有助于推动档案知识的传播，也为行业的发展注入了新的活力。

在服务品牌建设方面，我们坚持以专业的档案知识服务为核心竞争力。通过提供高质量、高效率的档案知识服务，我们逐步树立档案室在知识服务领域的品牌形象。我们深知，只有不断提升服务质量，才能在激烈的市场竞争中脱颖而出，赢得用户的信任和认可。

通过这一系列举措的实施，我们成功地将档案资源转化为有价值的知识资产，为社会各界提供了便捷、高效的档案知识服务。我们也积极履行社会责任，通过知识服务推动社会进步和发展。未来，我们将继续秉持专业、严谨的服务理念，不断创新服务模式，为用户提供更加优质的档案知识服务。

六、安全保障体系构建及完善措施

（一）信息安全风险评估及应对策略制定

在档案室管理的复杂过程中，我们需要对每一个环节进行深入细致地梳理，精准识别潜在的信息安全风险源。这些风险源可能源于人为因素，如操作失误、管理疏忽；也可能来自外部威胁，诸如黑客的恶意攻击、计算机病毒的感染等。每种风险源都可能对档案室的信息安全构成严重威胁，因此我们必须高度重视，不容有失。

为了有效应对这些风险，我们首先需要依据风险源的性质、可能的影响范围以及潜在的经济或社会损失，对它们进行严格的定性和定量评估。通过这一步骤，我们可以准确确定各风险源的等级和优先级，为后续制定针对性的应对策略提供依据。

在评估完风险等级之后，我们将根据不同风险的特点和严重程度，量身定制一系列的应对策略。这些策略包括但不限于预防措施，如加强员工信息安全培训、完善物理安全防护设施等；监测手段，如利用先进的技术工具实时监控网络安全状况；应急响应机制，如制定详尽的应急预案、定期组织演练等；以及灾后恢复措施，如数据备份与恢复、系统重建等。

通过上述措施的实施，我们将确保档案室的信息安全得到有效保障，风险得到有效控制。我们也将持续关注行业动态和技术发展，不断优化和升级我们的风险管理策略，适应不断变化的信息安全环境。

（二）数据备份恢复机制建立和优化

为了构建一套稳健的数据安全保障体系，我们必须建立起一套完善的数据备份制度。这一制度的构建，首先要明确的是详细的数据备份计划和时间表，确保关键业务数据能够按照预设的频率和周期得到及时且完整的备份。这一步骤的重要性在于，它能够有效预防因各种不可预见因素导致的数据丢失或损坏，从而保障企业业务的连续性和稳定性。

在制定备份计划时，我们需要充分考虑数据的类型和存储需求，选择最为合适的备份方式。对于大型数据集，我们可以采取全量备份的方式，确保所有数据的完整性；而对于更新频繁的数据，增量备份或差异备份则更为适用，它们能够有效减少备份所需的时间和存储空间，提高备份效率。

除了备份计划的制定，我们还需要关注数据恢复的能力建设。制定一套详尽的数据恢复流程和计划，明确每一步骤的责任人和操作规范，是确保在数据丢失或损坏时能够迅速恢复的关键。我们还应定期进行数据恢复演练，检验恢复流程的有效性和可靠性，确保在真正需要时能够迅速响应，减少因数据丢失而带来的损失。

建立完善的数据备份制度是企业数据安全保障的基础，而选择合适的备份方式和制定有效的数据恢复流程则是确保数据安全的重要保障。我们应不断优化备份策略，提升数据恢复能力，为企业业务的稳定运行提供坚实的数据支撑。

（三）政策法规环境适应性调整

在处理档案管理和信息安全工作时，我们务必保持对政策法规变化的敏锐洞察力。国家和地方对于这两方面的法规不断进行调整和完善，以便适应快速变化的社会环境和技术发展趋势。档案室作为信息存储和管理的关键部门，必须时刻关注这些政策法规的最新动态，确保我们的管理制度能够与时俱进，满足新的法规要求。

为确保档案室管理活动的合规性，我们始终坚持遵守国家和地方的法规要求。这不仅仅是为了避免可能的风险和问题，更是对档案信息的尊重和保护。我们通过建立完善的档案室管理制度，规范各个环节的操作流程，确保每一份档案都能够得到妥善保管和有效利用。

我们还加强了合规性检查工作。通过定期对档案室管理活动进行审查，我们能够及时发现和纠正不符合法规要求的行为。这种持续性的监督和改进机制，不仅有助于提升我们的管理水平，更能够确保我们的管理活动始终保持在合规的轨道上。

我们始终保持着客观、严谨的态度。我们深知，档案管理和信息安全是一项复杂而细致的工作，需要我们时刻保持高度的责任心和敬业精神。我们将继续努力，不断提升自身的专业素养和管理能力，为档案信息的保护和利用贡献自己的力量。

关注政策法规变化、遵守法规要求以及加强合规性检查是我们档案室管理工作的重要任务。我们将以更加专业、严谨的态度，不断提升我们的管理水平，确保档案信息的安全和有效利用。

七、“互联网 +”背景下学校档案室管理转型策略

（一）“互联网 +”背景下学校档案管理的必要性与可行性

1. 必要性

档案资料海量增长：学校作为人才培养的摇篮，其档案资料的数量和种类都在不断增长。这些资料涵盖了教学、科研、学生管理、行政管理等多个方面，是学校宝贵的资产。随着互联网的普及，这些资料的数量和更新速度都在加速，传统的档案管理方式已经难以满足需求。

提高管理效率：互联网技术为档案管理提供了全新的手段。通过数字化、网络化，可以实现对档案资料的快速检索、存储、传输和共享，大大提高了档案管理的效率。同时，互联网技术还可以帮助档案管理人员实现对档案资料的实时监控，确保档案资料的安全性和完整性。

支持学术研究：档案资料是学术研究的重要资源。通过互联网技术，可以实现对档案资料的远程访问和共享，为研究人员提供更加便捷、高效的资料获取方式。同时，互联网技术还可以帮助研究人员实现对档案资料的深度挖掘和分析，为学术研究提供更加有力的支持。

促进教育信息化：学校档案管理的数字化、网络化也是教育信息化的重要组成部分。通过互联网技术，可以实现对教学资源的整合和共享，为教育教学提供更加丰富的素材和案例。同时，互联网技术还可以帮助教师实现对学生学习情况的实时监控和评估，为教育教学提供更加精准的数据支持。

2. 可行性

技术支撑：云计算、大数据、人工智能等技术的发展为学校档案的数字化管理提供了强大的技术支撑。这些技术不仅可以提高档案存储和处理的效率，还可以实现对档案资料的智能分类、检索和分析，为档案管理提供更加高效、便捷的工具。

政策支持：国家和地方政府对教育信息化和档案管理给予了高度重视，出台了一系列政策文件，为学校档案管理的数字化、网络化提供了政策保障。这些政策文件不仅明确了档案管理的目标和任务，还提供了资金、技术等方面的支持。

人才储备：学校作为人才培养的摇篮，拥有大量的信息技术和档案管理方面的专业人才。这些人才不仅具备丰富的专业知识和实践经验，还具备创新意识和创新能力，可以为学校档案管理的数字化、网络化提供有力的人才保障。

实践经验：近年来，越来越多的学校开始尝试将互联网技术应用于档案管理中，并取得了一定的实践经验。这些实践经验不仅证明了学校档案管理数字化、网络化的可行性，还为其他学校提供了有益的借鉴和参考。

综上所述，“互联网 +”背景下学校档案管理的必要性与可行性是显而易见的。学校应该积极拥抱互联网技术，推动档案管理的数字化、网络化进程，为教育教学和学术研究提供更加便捷、高效的支持和服务。

（二）“互联网 +”对学校档案管理模式转型优化发展产生的影响

1. 思维观念的转变

在“互联网 +”背景下，学校档案管理的思维观念经历了重大转变。传统档案管理注重物理存储和线下访问，而现代档案管理则更强调数字化、智能化和网络化。学校开始认识到利用互联网技术不仅能提高档案管理效率，而且能促进档案的创新利用和价值最大化。思维的转变推动了档案管理从被动的保存转向主动的服务，从封闭的单一功能转向开放的多元应用。档案管理者被鼓励采纳更加灵活和前瞻的态度，以适应不断变化的信息环境和用户需求。

2. 管理内容的转变

“互联网 +”时代，学校档案管理的内容也发生了根本性的变化。从传统的纸质档案管理，转变为包括电子文档、多媒体资料、网络资源等多样化内容的管理。不仅使档案类型更加丰富，也提高了信息的存取效率和有效性。数字化档案的管理要求档案管理员具备更高的技术能力，以处理和保护多样化的数据格式。同时，档案的数字化也促进了跨学科研究和远程教育的发展，为学术交流和知识共享提供了更加广阔的平台。

3. 管理对象的转变

在“互联网 +”的影响下，学校档案管理的对象从传统的纸质文档转变为大量的电子档案和网络数据。转变要求档案管理系统不仅要处理实体文件，还要有效地管理和保护电子档案。电子档案的安全性、可靠性和易用性成为管理的重点。此外，随着云存储和大数据技术的应用，学校档案管理也开始扩展到虚拟空间和网络平台，涵盖了更广泛的数据资源。这要求档案管理者不仅要熟悉传统的档案保管技术，还要掌握现代信息技术，适应日益增长的网络信息管理需求。

（三）“互联网 +”对学校档案管理模式转型优化发展的作用

随着“互联网 +”时代的到来，学校档案管理模式正经历着前所未有的转型与优化。互联网技术不仅极大地推动了档案管理的现代化进程，还为其带来了前所未有的发展机遇。以下是“互联网 +”对学校档案管理模式转型优化发展的具体作用：

1. 提升档案管理采集工作的智能化程度

在“互联网 +”的推动下，学校档案管理的采集工作实现了质的飞跃。借助云计算、大数据等先进技术，学校能够自动化地采集、分类和存储海量的档案信息。这种智能化的采集方式，不仅提高了档案管理的工作效率，还确保了档案信息的准确性和完整性。通过文本识别、图像分析等智能化工具，学校可以高效地将纸质档案转化为数字档案，为后续的档案研究和利用提供丰富、准确的数据基础。

2. 推动学校档案管理实现标准化建设

“互联网 +”的引入，促进了学校档案管理向标准化建设的方向发展。通过建立统一的档案管理标准和规范，学校确保了档案信息的一致性和互操作性，从而提高了档案管理的质量和效率。统一的数据格式和存储标准，不仅方便了档案的长期保存和检索，还有助于跨校际或跨部门间的档案共享和交流。这种标准化的档案管理模式，不仅促进了学术合作和知识传播，还为学校档案管理人员的培训和评估提供了明确的方向。

3. 促进学校档案管理实现便捷化和智能化服务

“互联网 +”的普及，使得学校档案管理服务更加便捷化和智能化。通过构建在线档案管理系统，用户可以随时随地访问和检索档案资料，极大地提升了档案使用的便利性。同时，自助查询、在线预约、虚拟展览等智能化服务功能的引入，进一步提高了用户体验，使得档案资料的检索和利用更加高效和方便。此外，学校还利用人工智能技术，如机器学习和自然语言处理，为用户提供更加精准和个性化的服务。例如，基于用户的历史查询记录和偏好，智能推荐相关档案资料，帮助用户更快地找到所需信息，提升用户的研究和学习效率。

综上所述，“互联网 +”对学校档案管理模式转型优化发展的作用主要体现在提升智能化程度、推动标准化建设以及实现便捷化和智能化服务等方面。这些作用不仅提高了档案管理的效率和质量，还为用户提供了更加优质、高效的服务体验，进一步推动了学校档案管理的现代化进程。

（四）“互联网 +”背景下学校档案管理模式转型的现实困境

1. 对档案室转型重视程度不够

学校档案室在“互联网 +”背景下的转型面临着重视不足的问题，这直接影响了转型的进度和效果。首先，部分学校对互联网技术的发展和其对档案管理带来的变革缺乏足够的认识。理解上的滞后导致他们未能充分认识到转型的紧迫性和重要性。其次，即使部分学校意识到了转型的必要性，同时也缺乏明确的目标和战略规划。在未能明确目标和战略指导的情况下，档案室的转型工作很难得到有效的执行和管理。这不仅影响了转型的效率，也导致资源的浪费和方向的偏差。最后，由于重视程度不够，一些学校并没有为档案管理转型提供必要的资源投入，如资金、技术和人力资源等。缺乏关键资源的支持，档案管理转型的进程将难以推进。此外，缺乏足够的重视程度也影响到团队成员的积极性，导致整个转型过程缺乏动力和创新。

2. 档案服务模式不够丰富

学校档案服务模式不够丰富阻碍了档案服务的现代化和高效化。首先，部分学校的档案服务仍然依赖于传统的线下管理和服务方式，如实体档案的查阅和借阅等。服务模式在效率和可及性方面受到限制，难以满足当前互联网时代用户的需求。在信息快速流通的时代背景下，传统的档案服务模式已经过时，无法有效地支持信息的快速检索和共享。其次，伴随着“互联网 +”时代的到来，用户对于在线获取信息的需求日益增长。然而，部分学校的档案服务还未能提供充足的在线资源，如数字化档案、在线数据库等。资源缺乏限制了用户随时随地访问和使用档案的能力，同时也影响了档案的普及和利用效率。最后，现代档案服务越来越重视用户的互动和参与，在部分学校中，档案服务还未能有效地整合元素。缺少有效的互动机制，如在线咨询、反馈系统、用户论坛等，使得用户难以与档案服务进行有效的互动和沟通。

3. 档案工作现代化水平不高

档案工作中数据整合不足、自动化流程缺乏以及安全和隐私保护等问题给学校档案管理工作形成较大的影响。首先，部分学校的档案管理系统尚未有效地实现数据整合。各种类型的档案数据（如纸质档案、电子档案等）之间缺乏有效的连接和统一管理。此外，档案数据与其他校内系统（如学籍管理、财务管理等）的整合不足，导致数据孤岛现象严重，无法实现数据的有效共享和利用。其次，现代档案管理越来越依赖以自动化流程来提高效率和准确性。然而，在部分学校中，档案管理仍然依赖于大量的手动操作，如手动归档、检索等。这种依赖关系不仅降低了工作效率，也增加了错误发生的概率。缺乏自动化流程档案管理无法充分利用现代技术，例如人工智能和大数据分析等，来优化管理过程。最后，随着档案管理逐步向数字化转型，安全和隐私问题成为一大挑战。部分学校在数字化档案管理中缺乏有效的安全措施，容易导致数据泄露、未经授权的访问和档案的损坏。

4. 档案管理队伍整体素质偏低

技术素质不足、培训和教育不足以及沟通和团队合作不足等是当前档案管理队伍面临的主要问题。首先，随着档案管理向数字化、自动化转型，对档案管理人员的技术要求日益提高。然而，部分学校的档案管理人员缺乏必要的技术知识和技能，如对电子档案管理系统的操作、数据分析、网络安全等方面的内容了解不足。技术素质的不足限制了他们在档案管理现代化过程中的有效参与和贡献。其次，在实际情况中部分学校在该方面的投入不足，导致档案管理人员无法及时获取最新的知识和技能。缺乏系统的培训和教育计划不仅影响了档案管理人员的个人发展，也阻碍了整个档案管理团队的能力提升。最后，在转型的过程中需要档案管理团队成员之间有良好的沟通和团队合作。但在部分学校中，团队成员之间的沟通不畅，合作不足，对于解决跨部门的问题、共享资源和知识以及有效推进转型工作等方面产生了不利影响。

（五）“互联网 +”时代学校档案管理模式转型优化的发展策略

在“互联网 +”时代背景下，学校档案管理模式面临着巨大的转型压力。为了适应这一变化，学校需要采取一系列发展策略来优化档案管理模式，确保其与时俱进并满足新时代的需求。

1. 提高档案室转型重视程度

学校应深刻认识到档案室转型的重要性，并制定明确的转型目标和战略规划。这包括明确档案室在数字化、信息化方面的发展目标，以及如何利用“互联网 +”

推动档案管理模式的现代化。同时，要确保档案室在转型过程中拥有足够的资源支持，包括资金投入、技术支持和人力资源。此外，还应强化档案管理团队的领导和管理能力，确保转型过程的有序进行。

2. 丰富档案服务模式

推进档案数字化和在线访问：学校应加速档案的数字化进程，建立易于访问和使用的在线档案库。通过高效的扫描和索引系统，确保档案的快速、准确数字化。在线档案库应提供强大的搜索功能和用户友好的界面，满足师生的需求。

发展多样化的档案服务：根据用户的不同需求，学校应开发多样化的档案服务。例如，提供远程咨询服务、在线展览和虚拟档案馆等，吸引更广泛的用户群体。

提升服务的个性化和互动性：为了满足用户的个性化需求，学校档案服务应引入更多互动和定制化元素。利用数据分析工具了解用户偏好和需求，提供更加定制化的服务。同时，加强与用户的互动，收集反馈、举办问答环节，并创建用户社区，让用户参与到档案服务的改进和创新过程中。

3. 提升档案工作现代化水平

加强数据整合与信息系统升级：学校应建立综合的档案管理信息系统，实现不同类型档案数据的有效整合。这包括将纸质档案数字化以及与其他校内信息系统整合，确保信息的一致性和及时更新。

实施自动化管理流程：引入先进的档案管理软件，实现档案管理流程的自动化。软件功能应包括自动分类、索引、存储和检索等，以提高工作效率。

强化安全与隐私保护措施：在档案管理数字化的过程中，加强安全和隐私保护至关重要。学校应采取多层次的安全措施来保护数字档案，如使用防火墙、加密技术和访问控制系统。同时，制定严格的数据保护政策和隐私标准，确保个人信息不被未授权访问或滥用。

4. 加强档案管理队伍综合素养

加强专业技术培训：学校应定期组织档案管理人员进行专业技术培训，特别是在数字化档案管理、信息技术应用、数据保护和网络安全等方面的培训。通过培训提升员工对现代档案管理技术的理解和应用能力。

提升综合管理能力：除了专业技术培训外，还应加强档案管理人员的综合管理能力培训，包括项目管理、团队协作和沟通能力等。通过组织管理技能培训、研讨会和案例分析等活动，提升档案管理人员的决策能力和团队领导能力。

鼓励持续学习和自我提升：学校应建立一种持续学习的文化，鼓励档案管理人员不断更新知识和技能。提供在线学习资源、组织参观学习和鼓励参加行业会议等方式，帮助档案管理人员保持与时俱进。

八、档案室管理未来发展趋势预测

在人工智能技术的推动下，档案室管理正迎来深刻的智能化变革。通过智能识别技术，我们得以对档案进行更为精准的分类和定位，大大提高了管理效率。智能分类系统则能够自动对档案进行类别划分，确保每一份档案都能被正确归档，进而提升档案管理的整体质量。

云服务作为档案室管理的重要平台，其优势在于能够实现档案信息的集中存储和高效共享。通过云计算技术，档案室可以将海量的档案数据存储在云端，不仅确保了数据的安全性，也极大地方便了档案信息的快速检索和共享。这种集中存储和共享的模式，打破了传统档案管理中的地域限制，使得档案信息能够更加便捷地服务于各类用户的需求。

大数据技术的应用为档案室管理带来了全新的视角。通过对档案信息的深入挖掘和分析，我们能够发现隐藏在数据背后的规律和价值，为决策提供更加科学的依据。这种基于数据的决策方式，使得档案室管理更加精准和高效，也为档案室的未来发展提供了有力的支撑。

除此之外，档案室管理还呈现出跨界融合的趋势。通过与图书馆、博物馆等文化机构的合作，档案室能够拓展其服务领域，为文化事业的发展贡献力量。档案室管理也在不断创新服务模式，以满足用户多样化的需求。例如，通过开发移动应用或在线服务平台，档案室可以为用户提供更加便捷、个性化的档案查询和利用服务，进一步提升用户的满意度和体验。

人工智能技术的发展为档案室管理带来了智能化、云服务和大数据应用等诸多变革和创新。这些变革不仅提高了档案管理的效率和质量，也为档案室未来的发展提供了广阔的空间和机遇。

参考文献

[1] 白静远 . 智慧城市背景下电力企业智慧档案馆建设 [J]. 黑龙江档案，2022，(02):20-22.

[2] 陈健 .VR 智慧档案馆的建设研究 [J]. 云南档案，2022，(01):50-52.

[3] 陈亮 . 人工智能技术在智慧档案馆建设中的应用初探——以太仓市档案馆为例 [J]. 档案与建设，2016，(07):80-82.

[4] 程妍，王鹏飞 . 新时期智慧档案馆建设初探 [J]. 中国科技投资，2021，(02):194+196.

[5] 丛云凤 . 档案服务视域下智慧档案馆建设探析 [J]. 兰台世界，2022，(02):52-54.

[6] 崔艳红 . 关于智慧档案馆建设有关问题的几点思考 [J]. 黑龙江档案，2021，(03):136-137.

[7] 邓光辉 . 智慧城市视域下智慧档案馆建设研究 [J]. 智能城市，2021，7(18):37-38.

[8] 付永华，李韵辞，司俊勇，等 . 虚与实：“元宇宙”视域下智慧档案馆建设与思考 [J]. 档案管理，2023，(05):67-69.

[9] 巩淑芳 . 智慧社会背景下智慧档案馆的智慧服务研究 [J]. 办公自动化，2022，27(13):52-55+9.

[10] 侯训梅 . 智慧档案馆建设路径探析 [J]. 山东档案，2021，(05):68-69.

[11] 黄敏嫣 . 智慧档案馆建设中智慧化服务构建探讨 [J]. 黑龙江档案，2021，(05):284-285.

[12] 黄为 . 人工智能技术在智慧档案馆建设中的应用研究 [J]. 机电兵船档案，2024，(01):67-70.

[13] 李星玥，张斌 . 智慧档案馆发展必然性和建设策略研究 [J]. 北京档案，2021，(06):10-13.

[14] 李业军，林桂亭 . 县级智慧档案馆建设的发展方向与探索 [J]. 山东档案，2021，(05):35-36.

[15] 梁尔真，吴存峰，王园 . 基于人工智能的智慧档案馆建设研究 [J]. 中关村，2024，(02):110-111.

[16] 刘如龙 . 让馆藏档案资源“活”起来——智慧时代背景下智慧档案馆建设的应用研究 [J]. 云南档案，2021，(01):50-52.

[17] 刘云霞，姚蔚迅 . 档案馆增强文化功能的路径探析 [J]. 档案天地，2021，(08):29-33.

[18] 卢显阳 . 物联网技术在智慧档案馆建设中的应用 [J]. 决策探索 (下)，2021，(07):94-95.

[19] 马婷艳 . 基于智慧城市的智慧档案馆运营及设计研究 [J]. 未来城市设计与运营，2023，(07):84-86.

[20] 沙柳 . 智慧档案馆建设中的人工智能应用与未来趋势 [J]. 办公自动化，2023，28(16):45-48.

[21] 宋进之，班晶，李迎珠 . 基于用户需求的智慧档案馆服务功能初探 [J]. 办公室业务，2021，(17):33-34.

[22] 宋欣，鲁国轩 . 智慧档案馆建设：困境辨识及行动框架 [J]. 北京档案，2022，(07):11-14.

[23] 王建霞 . 智慧城市背景下智慧档案馆建设分析 [J]. 办公自动化，2022，27(06):40-42+49.

[24] 王雨晴，于英香 . 元宇宙视角下智慧档案馆构成要素及建设路径 [J]. 浙江档案，2024，(01):29-33.

[25] 吴凡 . 探究“互联网 +”时代下智慧档案馆建设的方法 [J]. 兰台内外，2021，(33):21-22.

[26] 夏嘉宝 . 面向智慧城市的智慧档案馆风险防御体系构建研究 [D]. 黑龙江大学，2022.

[27] 熊新华 . 互联网时代机关数字档案室建设应注意的几个问题 [J]. 黑龙江档案，2023，(06):201-203.

[28] 徐超 . 知识管理视角下工程勘察设计企业智慧档案馆建设研究 [J]. 机电兵船档案，2021，(06):48-50.

[29] 徐洁 . 基于人才终身化管理的智慧档案馆建设研究 [J]. 兰台内外，2023，(36):17-18+21.

[30] 徐雯雯，刘向红 . 数字化档案室建设问题探讨 [J]. 办公室业务，2021，(05):136-137.

[30] 姚海燕 . 企业智慧档案馆建设构想 [J]. 机电兵船档案，2022，(01):47-49.

[32] 赵钊，李高峰 . 数字中国背景下智慧档案馆评价指标体系研究 [J]. 山东档案，2024，(01):11-14.

[33] 张铭涛 . 基于医院人事档案精细化管理措施研究 [J]. 兰台内外，2022(25):37-39.

[34] 张润兰，于元元 . 网络环境下信息偶遇对档案利用服务的启示 [J]. 档案与建设，2023(01):46-50.

[35] 赵传玉，郭寒冰 . 国有企业档案利用服务意识问题与对策 [J]. 档案与建设，2022(11):62-64.

[36] 赵全立 . 医院档案管理工作运用数字化的探索与实践 [J]. 管理观察，2014(03):98-99.

[37] 赵月 . 事业单位人事档案管理规范化水平提升的途径探讨 [J]. 文化产业，2022(35):10-12.

[38] 周春莲 . 新《档案法》背景下档案素养与档案利用服务推广互为影响研究 [J]. 广东轻工职业技术学院学报，2023，22(02):75-80.